eビジネス新書
No.418

週刊東洋経済

経済超入門2022

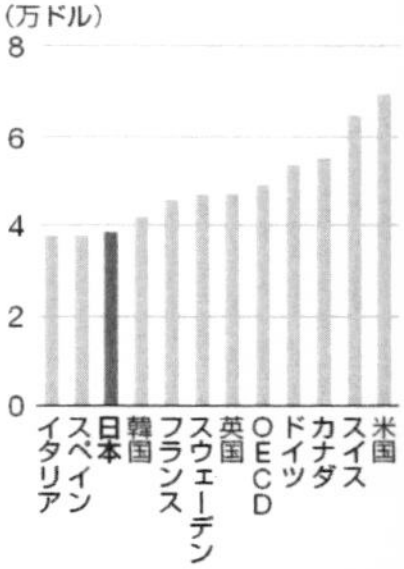

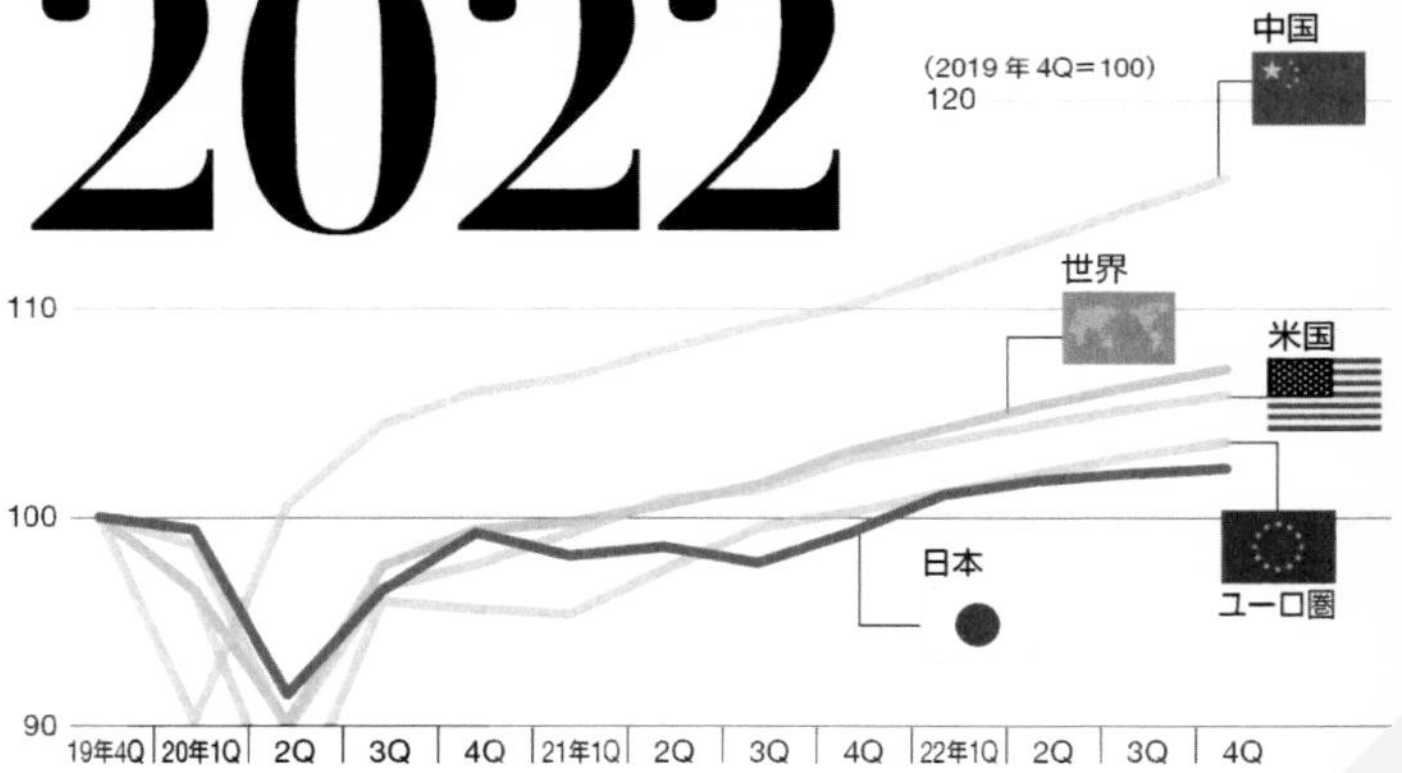

週刊東洋経済 eビジネス新書　No.418

経済超入門 2022

本書は、東洋経済新報社刊『週刊東洋経済』2022年4月2日号より抜粋、加筆修正のうえ制作しています。情報は底本編集当時のものです。（標準読了時間　90分）

経済超入門　２０２２　目次

経済を読み解く力

「ロシアをSWIFT（国際銀行間通信協会）の決済網から排除せよ！」。2022年2月24日に始まったロシアのウクライナ侵攻に対する抗議デモが各地で起き、中には経済制裁を求める声が多くあった。

経済制裁は、対象国の経済活動や生活に大きな影響を与える。SWIFT排除も、外国企業との決済を困難にし、ロシア経済を疲弊させる狙いがある。まさに「経済」を武器に戦っている状況だ。

世界経済への影響も大きい。とくに原油などの資源の動向が焦点で、サウジアラビアに次ぐ輸出量を誇るロシアの原油がストップすれば石油危機は必至。その懸念から原油価格は急上昇した。同様の理由で金属や、小麦といった穀物も高騰している。何よりも資源価格の上昇が世界的なインフレーション（物価上昇）を加速させた。

インフレだけではない。「経済のグローバル化に大ダメージを与えた」（中島厚志・新潟県立大学教授）というように、グローバリゼーションが岐路に立つ。地政学リスクの回避から、経済のブロック化が深まると危惧される。

今後、経済はどうなるか？ それを自ら見通すうえで求められるのが「経済を読み解く力」だ。

（宇都宮 徹）

【ロシア・中国】大陸国家である両大国

ウクライナへの侵攻はロシアの地政学的要求

2022年2月下旬にロシアがウクライナへ軍事侵攻したことで、改めて地政学が注目されている。地政学とは、英国の地理学者であり政治家でもあったマッキンダー（1861〜1947年）が事実上の開祖とされる学問だ。

これは、海洋国家である英国から見ると、欧州の運命はユーラシア大陸内部の勢力が変動することによって左右されるという考えを起点としたもの。マッキンダーはユーラシア大陸の心臓部を「ハートランド」と名付け、ここを制覇しようとする大陸勢力と、これを制止しようとする欧州の沿岸地帯がせめぎ合っているとみた。

◆ ハートランドがカギ
—マッキンダーの地政学的世界—

◆ 衛星国家がロシアから離れ、緩衝地帯がなくなる危機感

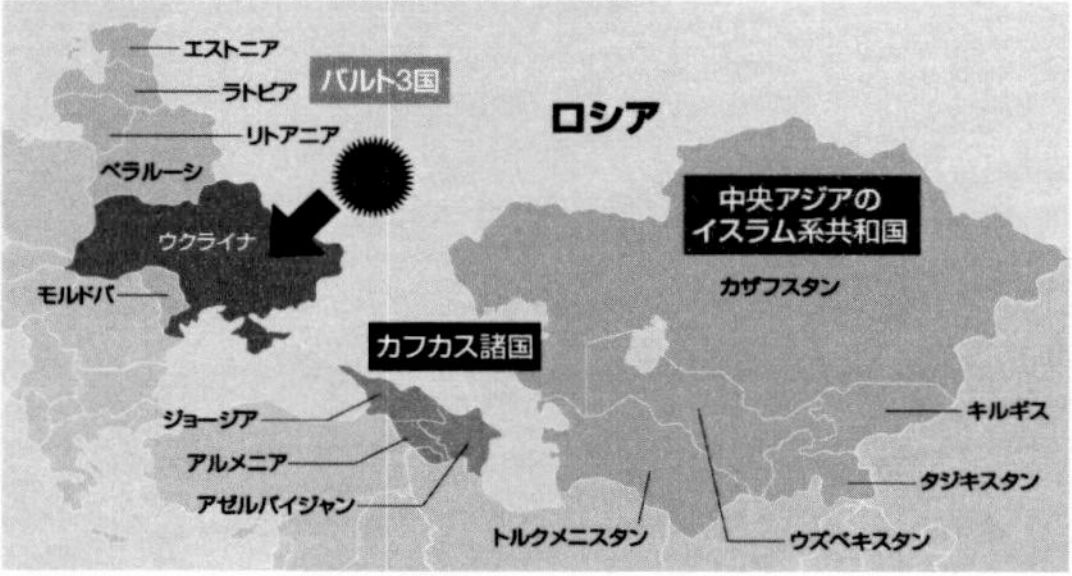

ロシアは伝統的に、敵対する勢力と直接対峙することを好まず、その間に緩衝地帯を置いてきた。今回のウクライナ侵攻も、ロシアの地政学的行動から読み取れるだろう。1991年にソビエト連邦が崩壊して東西冷戦構造が崩れた。ソ連構成国のうち、カザフスタンなど中央アジアはロシアとの政治的・経済的な関係が保たれている。

ところが、東欧ではポーランドをはじめかつての衛星国がロシアから離れ、西側の軍事機構であるNATO（北大西洋条約機構）や、EU（欧州連合）への加盟が進んだ。ロシアにとってはそれまでの緩衝地帯が崩壊し、敵対勢力が目前に来ているという危機感があった。

大陸国家が拡大を狙う

ロシアにとっては、ハートランドを守るための最後の砦がウクライナだった。ウクライナでは2014年に親ロ政権が倒れ、親欧州の政権が発足。この混乱に乗じてロシアは、ロシア系住民が多いクリミアを占領し、さらにウクライナ東部ドンバス地域

6

を実質的に支配した。ウクライナをNATO側に渡さず、緩衝地帯として残し、欧州への影響力を維持したい。それゆえの侵攻だったのだ。

一方、中国の対外展開も長らく注目されている。習近平国家主席による「一帯一路」構想は、中国の経済成長と周辺国の成長基盤構築に寄与するとされる反面、中国の影響力を高めるものとして警戒され続けている。

また大陸国家の中国が、東シナ海から太平洋へ進出しようとする動きは、日本や台湾にとって脅威だ。中国は台湾の統一を目指す姿勢を崩しておらず、台湾有事の可能性も消えない。尖閣諸島の領有権をめぐって日本とも対立している。中国に加え今回のロシアが重なり、世界の地政学的状況が大きく変容しつつある。

（福田恵介）

【インフレ】景気回復や供給網混乱にウクライナ危機が拍車

景気対策で需要に着火　資源価格高騰で加速

世界的にインフレが進んでいる。22年2月の消費者物価指数（総合指数）上昇率を見ると、米国は前年同月比7・9％と40年ぶりの高水準を記録。欧州もユーロ圏平均で同5・8％と、統計開始以来最大となっている。

日本は同0・9％と主要国で最低とはいえ、21年から上昇傾向だ。物価全体を約1・5％分も押し下げている携帯電話通信料引き下げの影響が一巡する4月以降は2％前後に上昇する見込みだ。

背景には、空前の規模の財政出動と金融緩和による、コロナ禍からの景気回復がある。モノやサービスと同時にエネルギーなど1次産品も需要が増え、企業の原燃料の価格が高騰した。

コロナ禍を引きずった形での景気回復のため、人手不足などで生産・物流のサプライチェーン（供給網）が需要急増に対応しきれず、半導体など部材の供給不足も生じた。人手不足は米国でとくに顕著で、労働市場の逼迫から賃金も上昇。企業はこうしたコストの増加を販売価格に転嫁している。

◆ 物価は世界的に上昇傾向

―日米ユーロ圏の消費者物価指数上昇率―

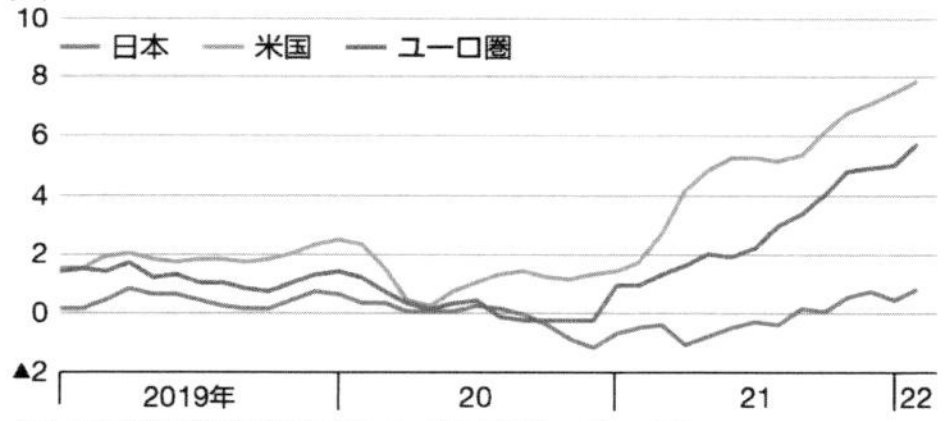

(注)消費者物価指数は総合指数で、前年同月比。▲はマイナス
(出所)総務省、米労働省、欧州統計局

◆ 1次産品が世界で軒並み高騰

―エネルギー・農産物・金属の価格推移―

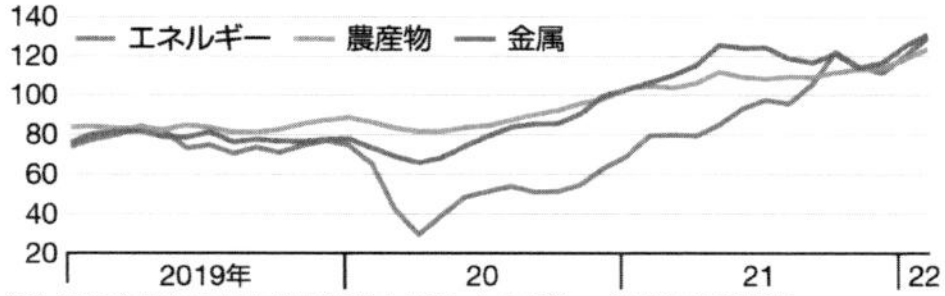

(注)2010年平均のドル建て価格を100とした指数　(出所)世界銀行

◆ 米国は"完全雇用"で賃金上昇圧力

―米国の平均時給と失業率―

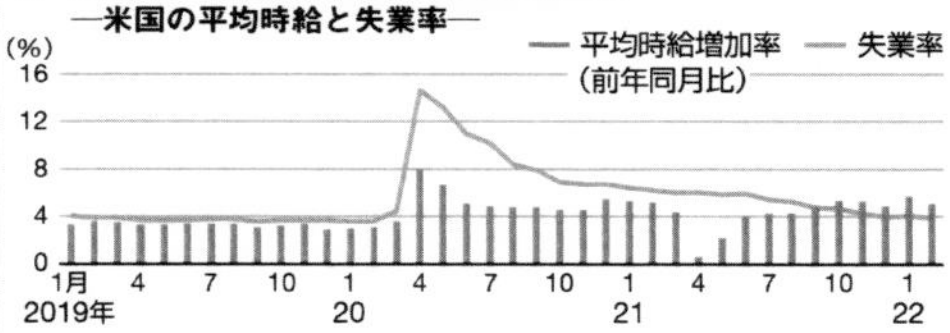

(出所)米労働省

拍車をかけたのがウクライナ危機だ。エネルギーや穀物の大輸出国であるロシアへの経済制裁で供給不安が高まり、資源価格が軒並み急騰。総合的な国際商品市場の指標であるCRB指数は1年前と比べて5割近く上昇している。

物価は年後半にはピークを打つ可能性が高い。原油増産などで資源価格が反落すれば、下落要因となる。供給制約もしだいに収束する見通し。米国が金融引き締めに転換した効果も出てくる。ただ、主要国で最もインフレ圧力の強い米国では年終盤でも4%台のインフレ率が見込まれ、目標の2%に近づくのは来年となりそうだ。

日本の物価上昇は電気・ガス代や食料価格、ガソリン・灯油価格の値上がりが主因だ。背景には円安による輸入物価の上昇もあり、為替相場の動向も焦点となる。

また、企業物価指数の伸びは前年同月比9%台に乗せており、企業がコスト上昇をどこまで販売価格に転嫁するかが注目される。ただ物価上昇と比べて所得が増えなければ、消費者の実質所得は目減りし、購買力が低下する。そうなると消費者物価は上がりにくい。

長期的には、米中対立などグローバル化の停滞による供給制約が長引くことや、脱炭素化に伴う化石燃料の開発・供給減少といったインフレ要因も指摘される。構造的な変化にも注目が必要だ。

【長期的なインフレ要因】

★グローバル化から分断の時代へ
米中・米ロ対立で世界の供給網が分断され、供給制約が長期化

★脱炭素に伴うコスト上昇
石油・ガス開発抑制によるエネルギー供給減少やカーボンプライシングの影響

★「大きな政府」を志向
格差是正、高齢化、脱炭素対策などで財政支出が恒常的に拡大

★銀行の自己資本規制強化の一巡
リーマンショック後の信用創造抑制の緩和

（中村　稔）

コロナ禍で供給網寸断　安全保障面でも重要

「産業のコメ」といわれる半導体。その供給不足が世界的問題となり、現在も続いている。スマートフォンやパソコン、自動車や家電製品など右肩上がりで増えてきた需要に、供給が追いつかない事態が発生。しかもそれが長期化している。

きっかけとなったのは新型コロナウイルス感染症の拡大だ。半導体や半導体製造装置などの生産量低下や物流網の寸断・遅滞を招いた。世界の半導体工場で火災や寒波によるトラブルが頻発したことも状況を悪化させた。新型コロナの感染再拡大や地震などでの供給不安は続いている。

さらに、2022年2月開始のロシアによるウクライナ侵攻で地政学的リスクも高まった。半導体に使われる原材料にはロシアとウクライナに多くを依存しているものもある。戦火が長引けば、半導体の供給にダメージを与える可能性が高い。

最先端半導体のみならず、汎用チップまで不足しており、組み込んだ部品の調達難、最終製品工場の稼働停止という事態が繰り返し起きている。その影響はＩＴ機器や自動車、さらにはガス給湯器といった幅広い製品、業種に広がった。中期経営計画など事業計画の見直しを強いられる企業も世界的に出ている。

◆ 半導体需要の拡大続く —販売額の推移—

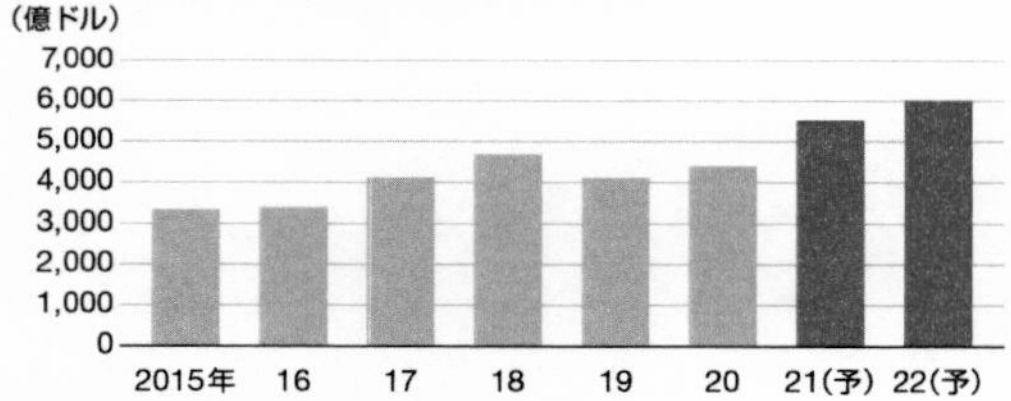

(出所) WSTS (世界半導体市場統計)

◆ サムスン、インテル、TSMCがトップ3
—2021年売上高ランキング—

順位	企業名	国籍	売上高(億ドル)	生産形態
1	サムスン電子	韓国	830.85	
2	インテル	米国	755.50	
3	TSMC	台湾	566.33	ファウンドリー
4	SKハイニックス	韓国	372.76	
5	マイクロン	米国	300.87	
6	クアルコム	米国	291.36	ファブレス
7	エヌビディア	米国	230.26	ファブレス
8	ブロードコム	米国	209.63	ファブレス
9	メディアテック	台湾	175.51	ファブレス
10	TI	米国	169.04	

(出所) IC Insights

経済安保でも重要視

世界の半導体メーカーは活況に沸く反面、ジレンマを抱える。半導体を効率的に製造するためには大規模投資が必要だが、ひとたび需給バランスが崩れれば価格は急落する。好不況を繰り返してきたのが半導体の歴史であるからだ。

また、半導体には一般的な用途に使われるものに加え、特殊用途にのみ使われるものもある。どの種類の半導体をどれだけ作るかといった予測と計画作成は、半導体メーカーにとってつねに頭が痛い問題だ。

今後は米中対立を契機に浮上した「経済安保」の影響も懸念される。半導体を含むハイレベル技術を、安保上、安易に輸出しないという動きから、最新技術や生産体制の国内囲い込み、あるいは信頼に足る同盟国とのブロック化へと進んでいる。日本政府も2月25日に「経済安全保障推進法案」を閣議決定した。

半導体の供給網は世界中で複雑に絡まっている。日々高まる半導体需要を満たせるかどうかは未知数だ。

（福田恵介）

脱炭素化へ投資加速　化石燃料高騰で混乱も

国際的な組織である「気候変動に関する政府間パネル」（以下、ＩＰＣＣ）は２０２１年8月の報告書で、「人間活動が地球温暖化をもたらしてきたことに疑う余地はない」と言及。向こう数十年の間に二酸化炭素（ＣＯ２）などの温室効果ガス排出を大幅に減少できなければ、２１世紀中に地球の平均気温の上昇は2度を超えるとの予測を示した。

それを受けて２１年１０月末から１１月にかけて英国・グラスゴーで開催された「国連気候変動枠組み条約第２６回締約国会議（ＣＯＰ２６）」では、気温上昇を１・５度に抑えるべく努力することで各国が合意した。

１・５度に抑えられるか、あるいは2度上昇を余儀なくされるかにより、熱波や干ばつ、洪水などの自然災害の発生頻度は大きく異なる。また、2度を超えて気温が大きく上昇した場合、海面の上昇に歯止めがかからなくなるなど、人間社会そのものの存続が困難になる可能性がある。

エネルギー危機も発生

1・5度に抑えるには、石油や石炭など化石燃料の使用を大幅に削減しなければならず、徹底した省エネルギーとともに、太陽光や風力など再生可能エネルギー利用の拡大が不可欠になる。それにより50年までにCO2などの排出量と森林整備などによる吸収量を均衡させるカーボンニュートラル（炭素中立）を実現させなければならない。だが、その道のりは極めて厳しく、産業や社会構造の大転換を伴う。

脱炭素社会実現への取り組みで世界をリードしてきたのが欧州連合（EU）だ。政権交代でパリ協定に復帰した米国や日本が後に続く。日米欧とも50年カーボンニュートラルを表明し、大規模な再エネ発電の導入や新たな送電網の整備、電気自動車の普及などに官民挙げて投資を振り向けようとしている。世界最大のCO2排出国である中国や、エネルギー需要が急増しているインドもそれぞれ2060年、70年のカーボンニュートラル実現という目標を打ち出した。

反面、化石燃料投資が縮小したことに加え、ロシアによるウクライナ侵攻により原油や天然ガスの価格が高騰。新たな資源開発の動きが出るなど、脱炭素化にはブレーキもかかっている。化石燃料への依存度を下げることが急務である一方、化石エネルギー確保に右往左往せざるをえない混乱状況が当分続きそうだ。

温暖化対策　各国・地域の事情

【米国】

・パリ協定に復帰
・バイデン政権の下で、再生可能エネルギー投資に本腰
・ウクライナ危機で原油・LNG 増産へ

【中国】
・世界最大の温室効果ガス排出国
・再生可能エネルギー導入を加速
・太陽電池、風力発電機、電気自動車で世界トップの生産規模
【EU（欧州連合）】
・脱炭素化で世界をリード
・化石燃料のロシア依存度が高く、エネルギーの安定調達で困難に直面
【日本】
・脱炭素化の取り組みに遅れ
・エネルギー調達における化石燃料依存度が高い
・水素、省エネなど技術開発力を持つ
【インドなど開発途上国】
・地球温暖化による被害を受けやすい
・CO2を多く出す石炭への依存度が高く、化石燃料の消費が増大

（岡田広行）

「イノベーションの担い手」は今や昔　市場支配力に風圧

われわれの生活のさまざまな領域で影響力を強めているＧＡＦＡＭ（グーグル、アップル、フェイスブック、アマゾン、マイクロソフト）。世界の当局がこれと対峙する姿勢を鮮明にしている。

背景にあるのは、世論が巨大ＩＴ企業に向けるまなざしの変化だ。かつてはイノベーションの担い手として歓迎されたが、今では絶大な市場支配力によって競合他社や新興企業を排除し、経済の活力低下を生んでいるとみられている。また、個人データ収集による「監視資本主義」やフェイクニュース蔓延などの面でも警戒感が強い。

巨大ＩＴ包囲網で先行するのはＥＵ（欧州連合）だ。独占禁止法対応や違法コンテンツ対策において、巨大ＩＴ企業をターゲットとした「デジタルサービス法案（ＤＳ

A）」「デジタル市場法案（ＤＭＡ）」を準備。違反した場合は、最大で世界売上高の６〜１０％の罰金を科すという厳しい内容だ。これとは別に、個人データ保護やＡＩ（人工知能）規制のルール作りでも世界の先頭を走っている。

◆ **消費者のプラットフォーマーへの不信感は高まっている** ―米国のアンケート結果―

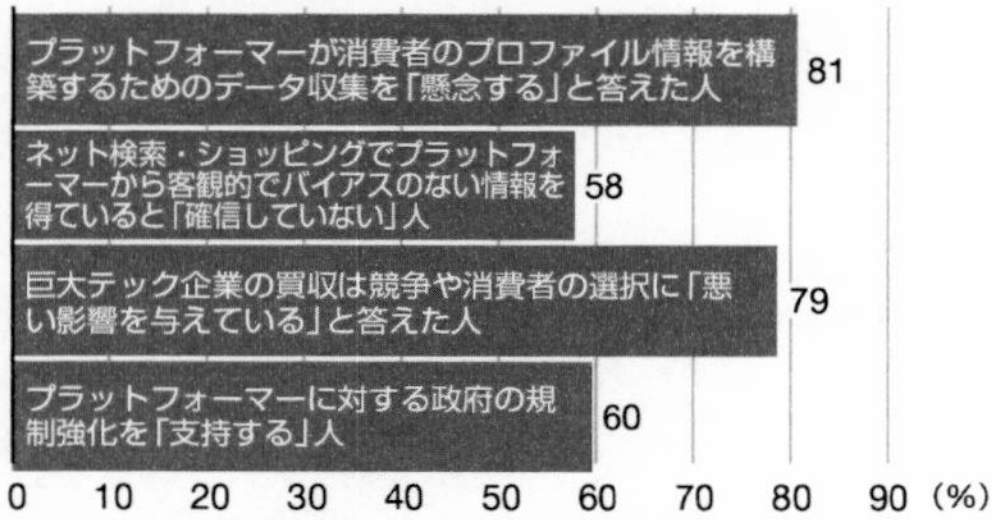

(出所) 米上院司法委員会 "Investigation of Competition in Digital Markets"、コンシューマーリポート調査

◆ **多国籍デジタル企業の税負担は低い** ―欧州での法人税負担率の推計値―

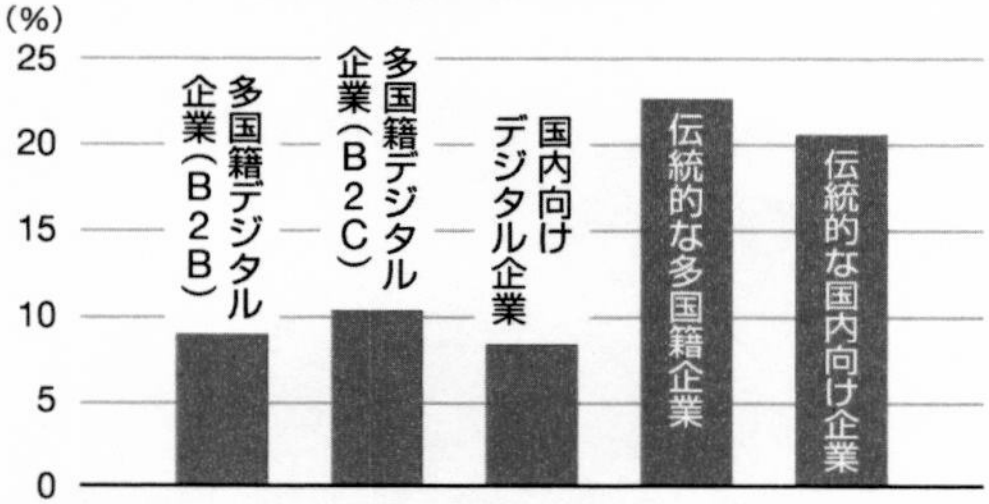

(出所) European Centre for International Political Economy "Digital Companies and Their Fair Share of Taxes: Myths and Misconceptions" (2018年)

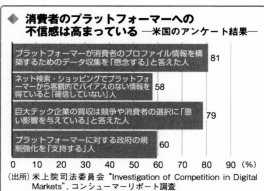

米国も2021年のバイデン政権発足以降、動きが活発だ。バイデン大統領は、巨大IT規制論者として知られる当時弱冠32歳の法学者リナ・カーン氏を米連邦取引委員会（FTC）委員長に指名、その後大企業の市場支配阻止を求める大統領令に署名した。FTCはメタ（旧フェイスブック）を競争阻害目的の買収の疑いで提訴し、米議会も巨大IT企業に照準を合わせた独禁法改正案を提出している。

欧米とは異なる独特の手法を採るのは日本の公正取引委員会だ。GAFAMなどプラットフォーマーとの対話を重視して公正な取引環境を整備する「共同規制型」の取り組みを推進している。公取委の経験値の低さを指摘する声もあり、今後は実効性も問われそうだ。

中国でも、20年秋から共産党政権がアリババやテンセントなど巨大IT企業への締め付けを始めた。一党独裁体制の中、民間企業の影響力が拡大しすぎることへの政府の懸念がある。一般市民の多くは「巨大IT企業の市場支配力が後退すれば、新興企業が活躍でき、経済が活性化される」（中国人ジャーナリスト）と欧米と同様の受け止め方をしているようだ。

法人税の最低税率導入や国際デジタル課税の導入など、包囲網は国際税制でも進んだ。政治的な対応が難しいプライバシーや言論の自由の問題、さらには技術革新の変化が速いＡＩにどう対処するかなどの課題を抱えつつ、世界当局の取り組みは続く。

（野村明弘）

独占禁止法上の問題点

★不透明な取引慣行
・一方的な規約変更、取引拒絶
・ヒット商品の模倣による自社製品化
★優越的地位の濫用
・自社製品・コンテンツを優先してサイトに表示
・ネット検索・広告での排他的行為
・独占的なアプリストアでの手数料
★不当な企業買収
・将来の競合相手の排除

ウクライナと世界経済

資源を中心にウクライナ情勢が世界のマーケットを揺るがしている。今後どう展開していくのか。

石油は、トップ産出量の米国に続き、ロシアがサウジアラビアと肩を並べる水準を誇る。そのシェアも1割以上を占める。

米国や英国が経済制裁でロシア産原油の禁輸措置に踏み切ったことで調達懸念が広がった。イラン産原油の輸出再開遅延の懸念も加わり買い戻しの動きが加速、3月6日の北海ブレント原油の先物価格はザラバ（取引時間帯）で1バレル＝139・13ドルをつける場面があった。リーマンショック前に高騰した2008年6月の最高値147・5ドルには及ばないものの、今後の情勢次第では高値更新もありうる。

現在は戦況や休戦交渉の動向に合わせて市場価格が推移。UAE（アラブ首長国連邦）などOPECプラス（石油輸出国機構の加盟国とそれ以外の産油国）が増産の検討を進めていることもあり、100ドル台で落ち着いている。

マーケット・リスク・アドバイザリーの新村直弘共同代表は、「情勢が沈静化せず、ロシアの原油が半分程度市場に出てこない可能性が強く意識される場合、1バレル＝125〜140ドルのレンジ、そこにOPECプラスの増産期待があれば100〜125ドルのレンジで推移する」とみている。

さらに新村氏は、休戦交渉がまとまり、ロシアがウクライナから撤退すれば80〜100ドルのレンジまで下がり、OPECプラスの増産対応が加われば60〜80ドルのレンジで落ち着くとみている。

穀物への影響も大きい。ロシアは小麦の一大産地だが、ウクライナも穀倉地帯として、小麦をはじめ大麦やライ麦などの輸出シェアが一定程度ある。ウクライナ危機で小麦価格が急騰。3月7日には、米シカゴ商品取引所の先物価格が1ブッシェル（約27・2キログラム）＝13・4ドルと、2008年につけた過去最高値を更新。今も高値で推移している。

経済制裁でロシアからの輸出が止まるというリスクもあるが、相場の焦点は今後の生産状況だ。ウクライナでの戦争が長引けば4〜5月に作付けを行う春小麦の種まきが行えなくなる。

そこに赤道付近から南米にかけての海水温が低くなるラニーニャ現象の影響も加わる。ラニーニャ現象のあった年は例年に比べて小麦の生産量が減る傾向にあるといい、実際、最大産地の中国では、冬小麦の作柄が過去最悪になるとの見方を政府が発表している。「中国がロシア産小麦の輸入拡大に踏み切ったのにはそうした事情もある」（新村氏）という。市場は、足元ではロシアへの制裁を織り込んでいるが、生産量不足による小麦価格高騰の懸念は拭えない。


銅やニッケルなどの金属や鉱物資源の相場も高騰を続ける。とくに電池材料などに使われるニッケルはロシアが産出量の1割強を占め、影響が強い。ロンドン金属取引所（LME）では、3月8日には1トン＝10万ドル超と、通常の1万〜2万ドルの相場から急激に上昇。その余波で取引所の停止と、当日の取り引きをすべてキャンセルする異常事態に陥った。

「地政学リスクに備えた資源備蓄基地の増設や、脱炭素に向けたインフラ投資などで金属需要は高まる。鉱物資源相場はもっと上がっていくのではないか」（新村氏）。

「有事の円買い」は終焉

為替への影響も大きい。ロシアルーブルは、軍事侵攻と西側諸国の経済制裁を機に暴落。ロシア金融機関のＳＷＩＦＴ（国際銀行間通信協会）排除やロシア中央銀行の外貨準備凍結で、通貨防衛が難しくなるとの思惑により対ドルで年初から４割以上下落した。

ここに米国の利上げのファクターが加わる。ＦＯＭＣ（米連邦公開市場委員会）は、２０２２年３月１６日に短期金利であるフェデラルファンド金利の誘導目標を０・００～０・２５％から、２５ベーシスポイント上げて０・２５～０・５０％とした。

大方の予想どおりだったが、ウクライナ危機が始まる前は、50ベーシスポイント上げるのではとの見方が多かった。「狙いは、経済へのダメージを最小限にしながら利上げの最終着地点を高めに持って行くこと。基本は25ベーシスポイントずつの利上げで、市場が先に折り込む展開なら限定的に50ベーシスポイント上げもある」（グローバルマクロマーケットの動向に詳しい、ユニオンシーズコンサルティングの槇尾寿芳代表）。FOMCは声明文で「金融政策を適切に行えばインフレ率は2％に戻る」と述べており、継続的な利上げが進む見通しだ。

為替は金利が低い国の通貨が割安になる傾向があり、ドル／円相場は円安・ドル高の方向だ。実際、ドル／円は1ドル＝120円台に到達した。

かつては、「有事の際の円買い」といわれたが、そうした定石が通用しなくなっている。金利のほかにも資源高による貿易赤字という要因がある。「日本円は資源インフレに脆弱な通貨で、今後も為替安が進む」（槇尾氏）とみられる。反対に豪ドルなど資源国の通貨が高騰している。

◆ **ドル高基調が続いている** ―実効為替レート―

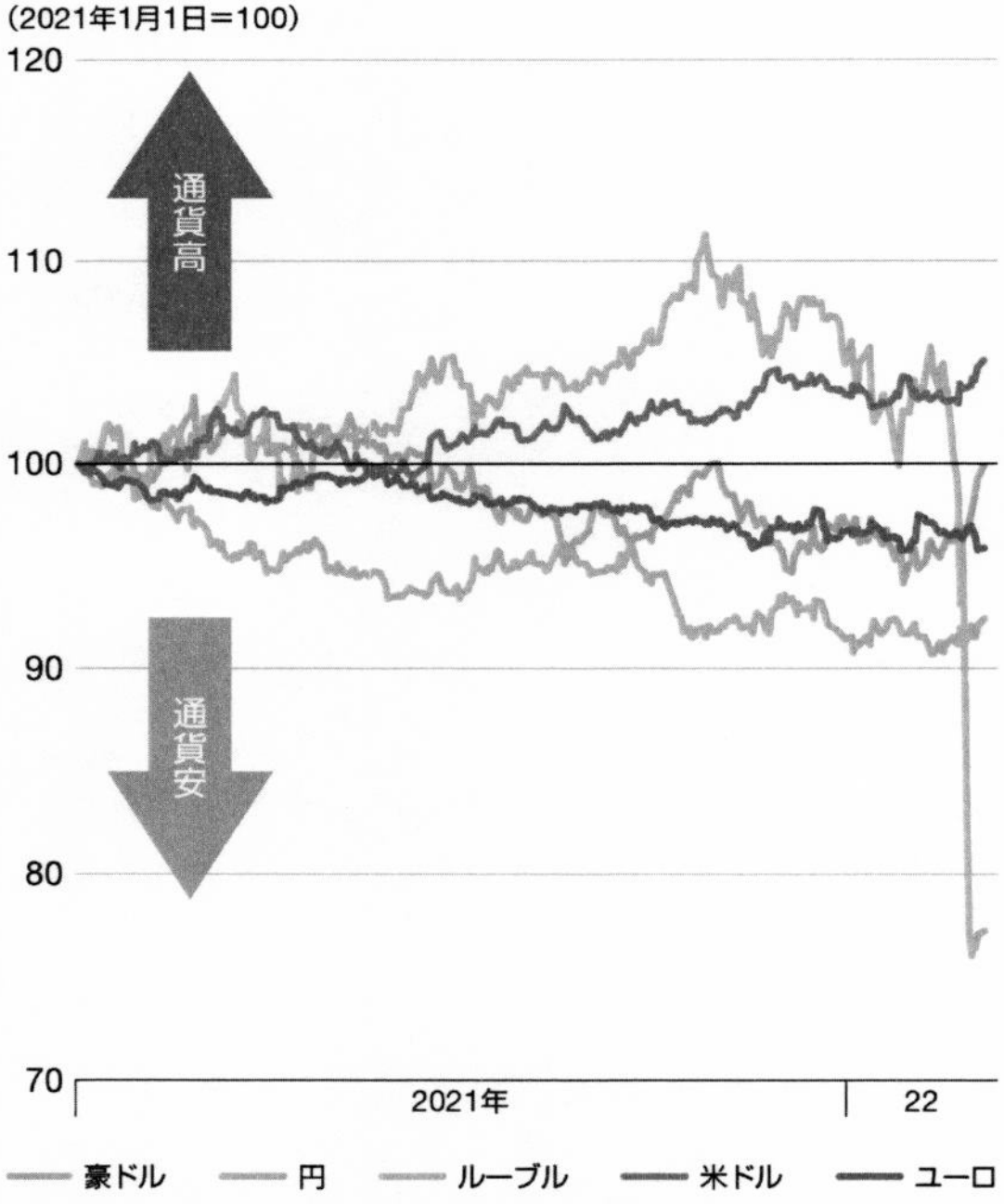

(注) 2021年1月1日を100としたときの指数　(出所) BIS

一方、有事に買われる金の強さは変わらない。ロンドン貴金属市場では、3月8日に2020年8月以来の2000ドル台に突入した。「地政学リスクやグローバリゼーションの逆回転が起こる中、金の潜在的需要が定着する」(槇尾氏)。今後の情勢次第で1オンス＝2000～2100ドル台が通常化する可能性もある。

(宇都宮　徹)

歪んだ歴史観が招いた戦後最悪の欧州安保危機

拓殖大学海外事情研究所　教授・名越健郎

ロシアのプーチン政権によるウクライナ侵略戦争は、ウクライナに新たな悲劇を刻んだ。ウクライナの歴史は、ロシア帝国やソ連の下での、抑圧と忍従、殺害の繰り返しだった。

だが、30年前の独立達成後、ウクライナは独自のアイデンティティーを築き、今回のロシア軍侵攻への抵抗運動で、民族主義の強さを世界に見せつけた。「プーチンの戦争」は、長い因縁を持つロシアとウクライナの最終的決裂につながる。

プーチン氏が「家族の一員」「兄弟国家」と呼ぶように、ロシアとウクライナはもともと、「東スラブ族」として同一民族だった。9世紀後半、キエフを首都としたスラブ族初の国家「キエフ公国」（キエフ・ルーシ）が誕生した。

しかし、13世紀にモンゴル帝国がユーラシア大陸を制圧すると、スラブ族の枝分かれが始まった。東に移動した住民は、モスクワ公国など都市国家を形成してモンゴルを追放。ロシア帝国を築いた。これに対し、ウクライナの地は長年、ポーランド王国・リトアニア大公国の支配下に置かれ、17世紀ごろから言語など独自文化が生まれた。

18世紀、女帝エカテリーナ率いる帝政ロシアは、相次ぐトルコとの戦争を経て、クリミアやウクライナ東部を制圧し、「ノボロシア」（新ロシア）と呼んだ。気候が温暖で、穀倉地帯のこの地に、多くのロシア人が入植した。

1917年のロシア革命後、ウクライナはレーニン率いるボリシェビキの支配下に入り、ソ連邦第2の共和国になったが、ソビエト体制下では苦難の連続だった。スターリンは農業集団化を断行し、ウクライナの富農を粛清。外国から武器を購入するため食糧を強引に徴収した結果、「ホロドモール」と呼ばれる人工的な大飢饉が30年代初めに発生し、死者は1000万人に上ったという。

スターリンは同時に、富国強兵に向け軍需産業や重工業をウクライナ東部に建設し、ソ連最大の工業地帯が誕生。ロシア人技術者が多数移住した。30年代後半、スターリンは反体制派を弾圧する大粛清を行い、ウクライナ共産党幹部が真っ先に逮捕され処刑された。

1941年6月に勃発した独ソ戦は、広大なウクライナの平原が戦場となり、ウクライナ人の死者は民間人を含めて700万人で、4人に1人が死亡したとされる。その際、スターリンの恐怖政治におびえたウクライナ西部の住民はドイツ軍を「解放軍」として歓迎し、蜂起軍を結成。これに対し、東部のウクライナ人はソ連軍として戦い、ウクライナ人同士が戦場で衝突した。

大戦初期、ウクライナを制圧したドイツ軍は、ユダヤ系住民の大量虐殺を行った。ドイツ軍が敗走すると、蜂起軍はソ連に徹底弾圧された。こうして、ウクライナは第2次世界大戦で最も激しい戦場になり、国土は疲弊した。ソ連当局はウクライナ人に極東への移住を奨励。ソ連が占領した北方領土を含め、極東にウクライナ系が多いのはこのためだ。

スターリン後に政権を掌握したフルシチョフとブレジネフは、ウクライナたたき上げの指導者で、ウクライナを優遇し、農工業が発展した。フルシチョフにより54年、クリミア半島はロシアからウクライナ共和国に編入された。

ソ連からいち早く独立

ウクライナの都市化、工業化により電力不足が深刻化し、ソ連当局は拙速な原子力発電所の増設を行った。その結果、設計に欠陥のあったチェルノブイリ原発4号炉が86年に爆発、史上最悪の放射能汚染事故を招く。現在も半径30キロメートル地帯は立ち入り禁止区域だ。

改革派指導者ゴルバチョフが85年に登場し、ペレストロイカ（再編）を進めると、ウクライナ語復権の動きや歴史見直し運動が高まった。西部を基盤とする民族主義組織「ルフ」がしだいに急進化し、独立を主張するようになる。

1991年8月、ソ連の保守派が決起し、失敗に終わったクーデター事件の直後、ウクライナ議会はいち早くソ連からの独立を宣言した。12月1日には、独立の是非を問う国民投票が実施され、90%の支持で承認された。独立投票を実施したソ連構成共和国は、ウクライナだけだった。

第2の共和国であるウクライナの独立で、連邦継続が困難とみたロシア、ウクライナ、ベラルーシ3首脳はソ連邦崩壊を宣言。ゴルバチョフは辞任し、ウクライナは史上初めて、悲願の独立を果たした。

農工業の潜在力を持ち、民度も高いウクライナは有望視されたが、独立後の歩みは茨の道だった。親欧米派の西部と親ロシア派の東部の地域対立が拡大し、政争が絶えなかった。経済改革が進まず、汚職・腐敗が蔓延し、2020年の1人当たり国内総生産（GDP）は3700ドルで、ロシアの約3分の1だ。

東西の対立は04年の「オレンジ革命」で表面化し、大統領選挙で親ロ派候補の当選が発表されると、親欧米派デモ隊が選挙不正に抗議してデモを行い、選挙結果を覆した。

10年後の14年、東西の政争が再燃し、親欧米派デモ隊が親ロ派政権を追放した。

ロシアは果敢に動き、クリミアを実効支配してロシアに併合した。東部でも、ドネツク、ルガンスク両州で親ロ派武装勢力が決起し、ウクライナからの独立を宣言した。東部の武力紛争の死者は8年間で1万4000人に上った。

ウクライナは北大西洋条約機構（NATO）加盟を切望したが、過剰な安全保障を求めるロシアは、ウクライナを緩衝地帯と見なし、米軍が進出することを許さなかった。

2021年、親ウクライナのバイデン米政権が誕生、ウクライナのゼレンスキー大統領が反ロ外交に舵を切ると、ロシアはウクライナ国境地帯の兵力を増強。22年2月24日、ついにウクライナへの「特殊軍事作戦」を開始した。ロシア軍地上部隊が各方面からウクライナに侵攻、人口4000万人のウクライナは存亡の危機に直面している。

プーチン氏は、「ウクライナは国ではない」「ウクライナはロシアの歴史と精神的空間の一部だ」などと属国扱いしており、分断・解体に着手したかにみえる。

常軌を逸した国際法違反の侵略戦争だが、プーチン氏はウクライナを「ロシア固有の領土」と見なしており、弟分には何をしても許されるという偏った思考が垣間見える。

こうして、ロシアとウクライナの複雑な因縁の歴史が、第2次大戦後最悪の欧州安全保障危機を招来した。女帝エカテリーナ時代の歴史書を読みあさったとされるプーチン氏の歪んだ歴史観に責任がありそうだ。

名越健郎（なごし・けんろう）
東京外国語大学ロシア語科卒業。時事通信社に入社。バンコク、モスクワ、ワシントン各支局、外信部長などを経て、2012年から現職。『独裁者プーチン』など著書多数。

コロナ後の日本経済はどう変わるのか?

実質GDP（国内総生産）を見ると、米国はすでに2021年4～6月期にコロナ禍前の水準に復帰し、ユーロ圏も21年後半には回復した。日本は1～3月期の復帰が予想されたが、「まん延防止等重点措置」が広い範囲で長期化したため、ゼロないしマイナス成長に陥ったとみられる。

新型コロナ流行から数年。欧米では活動制限をやめる方向へ舵を切った。22年3月下旬時点で人口100万人当たりの新型コロナの累計死者数は米国2923人、ドイツ1514人、日本は213人だ。日本は欧米よりも被害が明確に小さいが、なおその抑制にこだわる。中国は今もゼロコロナ政策であり、各国の社会・文化によるのだろう。

◆ **経済回復が最も遅れる日本**

—コロナ前を100とした実質GDPの推移—

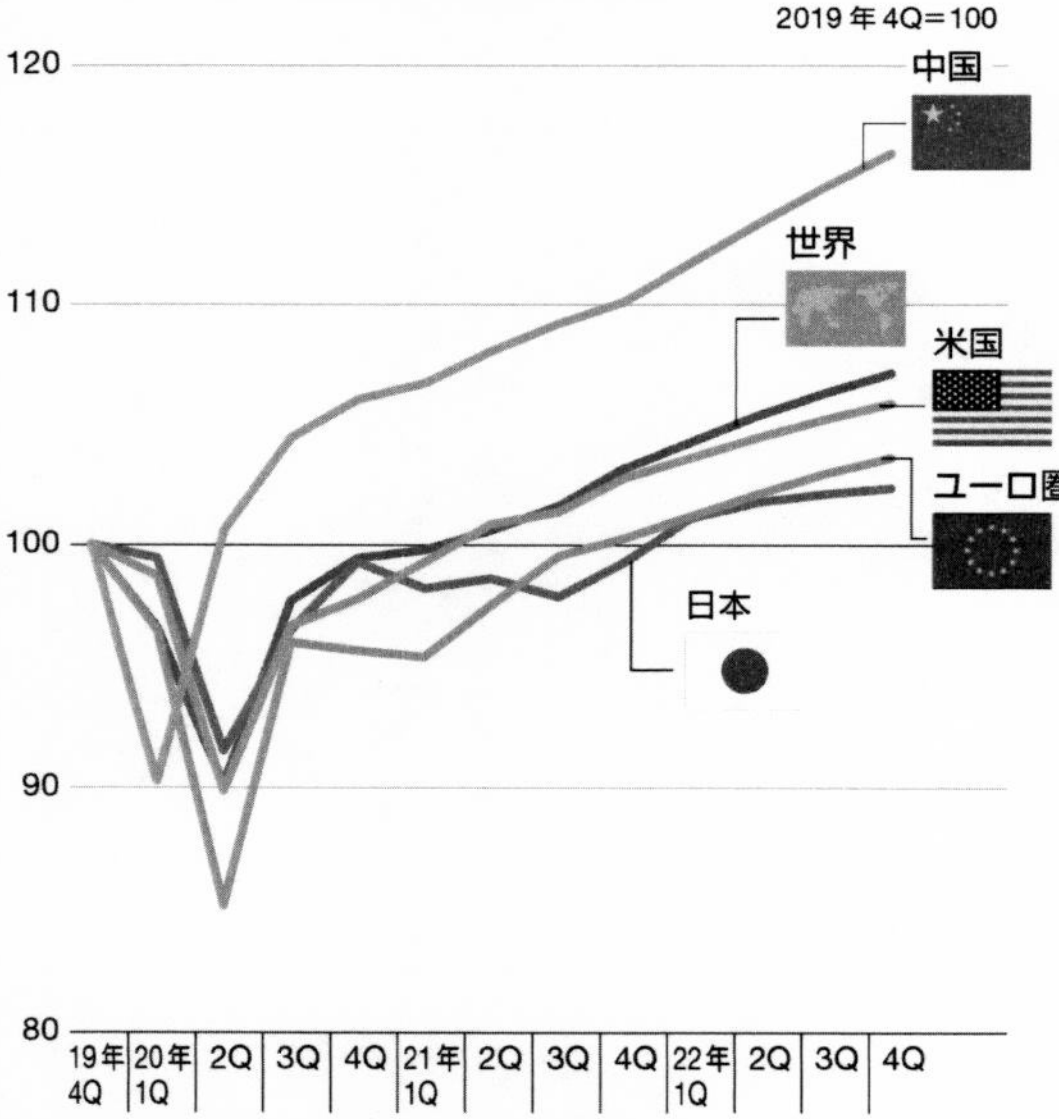

(注)2021年第4四半期より後は21年12月時点の見通し
(出所)OECD

ただ、日本の選択は近視眼的になりがちだ。新型コロナ対策による活動制限の陰で、うつ病患者や女性の自殺者の増加、若者の教育・社会経験上の機会減少など他のリスクや後から顕在化する悪影響は軽んじられている懸念がある。

振り返れば、日本は過去20年以上も近視眼的で、目先の安定ばかり志向してきた。すでに現実に適合しなくなった高度成長期の制度を長期的視野で改革することを怠った。政治は既得権益にメスを入れることを避け、不利益を被っている層には場当たり的なばらまき財政を行って問題の本質を糊塗（こと）し、財政赤字は膨張してきた。

新型コロナ対策で問題となった「医療逼迫」もその一例だ。病床数や医師数は他の先進国並みであり、診療報酬制度で守られた公的インフラのはずだ。だが、8割は個人病院でほとんど協力は得られず、コロナ患者を受け入れた病床は全体の4％強にすぎない。政府は公的病院ですら満足に動員できず、補助金を幾重にも積み増してお願いに終始する姿は異常である。

先進国の潜在成長率は総じて低いが、コロナ禍前の試算で米国は2・0％、ユーロ圏は1・5％で、日本は2006年以降1％を切る水準のままだ。潜在成長率を押し上げるには、民間活力が十分に発揮され、技術革新が起き、それに適応した資本や労働の投入が行われなければならない。

ところが、大きな改革は行われず、アベノミクスの基本は金融緩和と財政拡張だった。モルヒネやカンフルに例えられるこうした政策は、不況期に短期で行い、完全雇用が実現できればやめるべきものだ。恒常化すれば効果は消えていき、副作用が大きくなる。低金利環境や税控除、補助金などの助けなしにはやっていけない低採算企業や赤字事業を温存してしまう。

停滞から脱せない

米国は一定の財政規律を維持しているが、コロナ禍に対しては、未曾有の大盤振る舞いを行った。個人の失業手当などを厚くする政策を取った結果、2020年からコロナ後の新たな需要を見据えた起業が爆発的に増え、需要や雇用の活況につながっている。片や日本では雇用調整助成金によって既存の企業を守り、企業に雇用を維持させた。アフターコロナでは、米国の潜在成長率は再び上昇し、日本のそれは低迷の続くことが予想される。

さらに、日本を直撃する世界的な変化が起きている。冷戦終結後に続いたグローバル化、自由市場拡大の潮流は止まった。中国やインドなど異なる価値観の国家が台頭し、ロシアの武力による反撃も起き、経済のブロック化が避けられない。また、脱炭素だけでなくコロナ禍も環境問題であり、ＳＤＧｓ（持続可能な開発目標）の観点からの規制強化が進む。

資源を輸入に頼る日本には、ブロック化、規制強化は輸入物価の上昇という形で影響が大きい。日本では販売価格へ十分に転嫁することは難しく、交易条件の悪化による海外への所得流出が生じる。

これは企業と家計が痛み分けで負担する。企業収益が削られ、家計においても消費者物価上昇率を賃金上昇率が下回ることで、実質可処分所得が減り、消費が抑制されてしまう。円安が進んでいることも家計には負担だ。（後述【焦点】参照）

２２年度に脱コロナが進めば、サービス消費などが復活し、大幅に高まっていた貯蓄率が下がる形で消費は回復するかもしれない。ガソリン補助金のような追加の財政支援もありうる。しかし、それらが一巡すれば、先行き不安から消費は再び低迷し、潜在成長率を一段と低下させるおそれもある。

政府が取り組むべきは、規制改革を行って民間の自発的イノベーションを促すこと、医療を含めた社会保障制度を改革して財政の持続可能性を示し、消費者の将来不安を解消することだ。

【疑問へ解説】

① 過度な安定志向と改革忌避から低採算企業が存続、潜在成長率は一段と低下

② 世界のブロック経済化で輸入物価上昇、交易条件の悪化が企業・家計を圧迫

③ 円安が定着し、日本経済の将来への失望感からさらに円安が進む悪循環に

【焦点】円は下落方向が続くのか、円高にならなくなった訳

円安が進んでいる。ロシアによるウクライナ侵攻が始まってからは、対ドルでは

114円台から120円台へ一気に進んだ。実質実効レート（物価の変動を除く多通貨間での実力）は1972年以来の安さだ。

みずほ銀行の唐鎌大輔チーフマーケット・エコノミストは、円安が続く理由として、①日本の経済回復の遅れ、②米国の金利引き上げでドルと円の金利差が拡大していること、③足元で円の需給構造が大きく変わったことを指摘する。

「需給構造の変化」には要注意だ。日本は世界最大の対外純資産356兆円を持つ債権大国だ。貿易収支は赤字になっても、経常収支は黒字で、対外投資収益を円に戻すために円高の動きも起きていた。

ところが、近年、投資収益は現地で再投資され、国内に環流しない。有事に海外から資金を手元に回収する「リスクオフの円高」という現象も今回は起きなかった。個人投資家も含めて対外投資の拡大が続く。一種のキャピタルフライトといえる。

（大崎明子）

値上げが相次いでも給料は上がらないのか？

「成長と分配の好循環」を掲げる岸田文雄首相は22年の春闘に向けて、「3％を超える賃上げを」と呼びかけた。賃上げ促進のため税額控除も拡大した。

「官制春闘」の限界

結果はどうか。トヨタ自動車は職種別の平均賃金の引き上げ要求に対し満額回答。電機も日立製作所、東芝、NECが要求どおりの3000円のベースアップ（基本給の一律引き上げ）で妥結した。

連合（日本労働組合総連合会）の3月18日時点のまとめ（第1回回答集計）では、

平均賃金方式で回答を引き出した776組合の引き上げ額加重平均は6581円、賃上げ率2・14％で、21年の同時期に比べ1018円、0・33ポイント増だ。

2021年度の企業収益がコロナ禍からの回復で大幅に拡大したのは追い風となった。日本銀行短観の21年12月調査では経常利益は全規模製造業で32・5％増、非製造業でも24・1％増の見込みだ。

それでも平均賃上げ率は、3％超えには遠い。今回の政府の政策は、税額控除を導入した安倍政権下の「官制春闘」（14～16年）の繰り返しである。しかも、連合の第1回集計の比較で見ると、15年の2・43％には及ばない。妥結が進むにつれてより規模の小さい企業が増えるため、平均賃上げ率は下がる傾向がある。労務行政研究所による事前のアンケート調査（労使の当事者、労働経済の専門家対象）では、予想の平均が6277円、2・00％だった。その予想どおり、2％で着地しそうだ。

重要なのは、賃上げ率には定期昇給分（年功賃金体系で年齢が上がることで増える分）と、ベースアップ（ベア）があり、労働市場全体の賃上げ率を押し上げるのはベアの上昇だ。定期昇給分は1・7～1・8％と見込まれ、2％の賃上げ率ならば、べアは0・2〜0・3%にすぎない。

一方、2022年のコアCPI（消費者物価指数・生鮮食料品を除く総合）上昇率は、携帯電話通信料金引き下げ効果が剥落する4月以降、2%台に乗りそうだ。補助金や燃費調整で消費者物価としてのエネルギー価格は抑制されるが、食品価格などが上昇し、原材料価格上昇の影響が他品目にも広がっている。対前年で見ると、その後、年内は1%台後半が続くというのがエコノミストの大方の予想だ。

そうなると、ベア0・2〜0・3%では所定内給与で見た1人当たりの実質賃金の伸びは、マイナスとなってしまう。賞与の増加を見込んでも厳しいだろう。

OECD（経済協力開発機構）主要国の00年以降の1人当たり平均賃金は、日本のみ横ばいが続いてきた。その結果、日本は先進国の中ではイタリアやスペインに次ぐ低賃金国だ。

◆ **目立つ日本の低賃金**　―2020年の主要国の平均賃金―

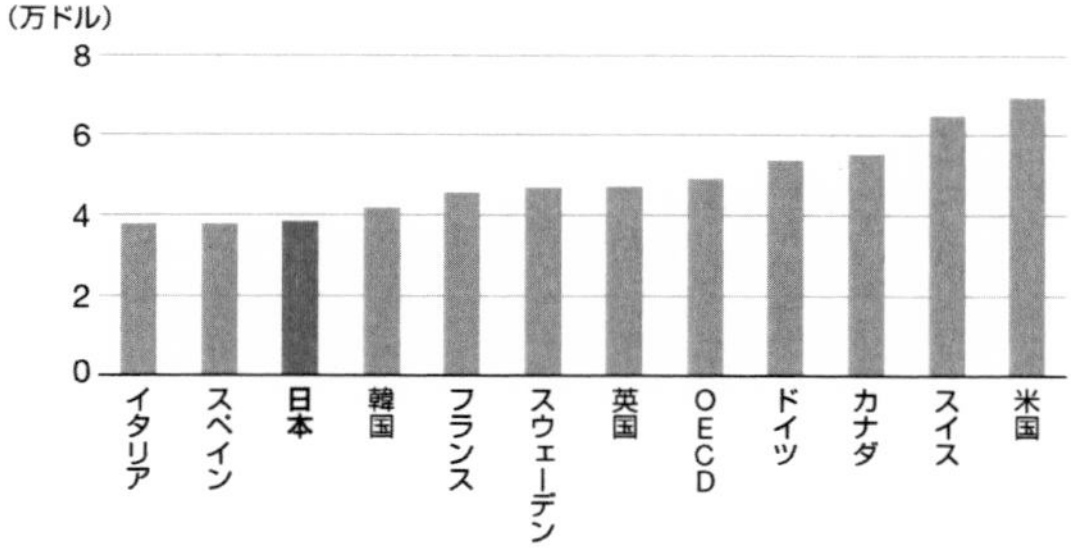

(注)ドル換算の年収、2016年の購買力平価ベース
(出所)OECD

これは経済成長を阻害する大きな要因だ。賃金が増えず、可処分所得も伸びないことで、GDP（国内総生産）の過半を占める消費が低迷を続けるからだ。

ニッセイ基礎研究所の斎藤太郎経済調査部長は、「GDP統計の個人消費の伸びは14年度から7年連続で実質GDP成長率を下回ってきた」と基調的な消費の弱さを指摘。「そもそも日本では消費主導の景気回復が実現したことはほとんどない。GDPが増えたとしても、個人消費が増えなければ国民が経済的に豊かになったとはいえない」と話す。

なぜ、日本だけ賃金が上がらないのか。終身雇用制度の下、不況期に雇用を守って賃金は犠牲にするというパターンが繰り返された結果、好況期にもそれを理由に、企業の固定費増加につながるベアは抑制されてきたためだ。

また1990年代半ばまでは、ベアが物価上昇率を上回る状態が続いていたが、98年にデフレに陥って以降、ベアゼロが続いた。デフレであれば、ベアゼロでも実質賃金は増える。

しかし、13年以降、消費者物価上昇率がプラスに転じたにもかかわらず、ベアは低いままだった。「日本の問題はデフレ」という思い込みが長期政権となった安倍政

権の喧伝で染み付いてしまったのかもしれない。（後述【焦点】参照）

労使ともに誤解が多い

ニッセイ基礎研の斎藤氏はかねて、「組合側の要求が低すぎることが問題だ。日本銀行が目標とする消費者物価上昇率が2％であれば、実質賃金が上昇するには、ベアは2％以上、定昇込みなら4％の賃上げ要求が整合的だ」と主張している。連合が集計した22年の要求は平均で2・97％だった。

また、企業側からは、「労働生産性が低いから賃金が上げられないのだ」という主張がよく聞かれる。だが、労働問題に詳しい日本総合研究所の山田久副理事長は、「これは誤解だ」とする。日本では近年、短時間労働の高齢者や女性などのシェアが高まり、それが1人当たりの数字を引き下げている。「時間当たり労働生産性で比較すると、2000年以降の上昇ペースは、米国やスウェーデンは下回るものの、ドイツ、フランス、英国など欧州の主要国を上回る」（山田氏）という。

山田氏は、「生産性に見合った賃金アップをせず、安易な人件費削減を行うことで、むしろ不採算事業を存置させている」と問題提起する。低賃金が労働生産性の低下につながっているというわけだ。

今後、経済のブロック化、SDGs（持続可能な開発目標）の観点からの規制強化によって、企業にとってのコストが高まっていく。販売価格への転嫁、それを消費者が受け入れられる持続的な賃上げを実現しなければ、日本経済はますます縮む。

他方で、新卒一括採用、年功賃金とセットの終身雇用制度は時代に適合しなくなっている。成長産業への労働移動を可能にするような労働市場改革と併せて、春闘の仕組みも物価上昇を上回る継続的な賃上げができるものに変えていく必要がある。

【疑問へ解説】

① 岸田政権の「官制春闘」では十分な賃上げにならず。2％の賃上げ率では輸入インフレ下で実質賃金は低下

② 賃金の低迷が消費を抑制し経済成長を阻害している。現状で輸入コストが上がれば、日本の窮乏化が進む

【焦点】ＧＤＰデフレーターで見たデフレの正体はインフレ？

輸入物価の急上昇とともに、ＧＤＰデフレーターと消費者物価指数の動きの乖離が話題になっている。いずれも物価指標の１つだが、ＧＤＰデフレーターは国内で生産された付加価値総額の価格を表し、名目ＧＤＰを実質ＧＤＰに変換する際に使う数値だ。需要項目ごとの価格とＧＤＰに占める比率から算出する。需要項目は民間と政府の消費、設備投資、純輸出などだ。

「純輸出は輸出から輸入を控除したもの」であるのがポイントだ。輸入物価が上昇しても最終財の価格へすべて転嫁されればＧＤＰデフレーターに変化はない。だが、価格転嫁が不十分だと名目ＧＤＰが減少して、ＧＤＰデフレーターは下がってしまう。つまり、原油価格の大幅な上昇などによる「輸入インフレ」は、ＧＤＰデフレーターの「デフレ」を引き起こす。

安倍政権では「デフレ脱却」指標として、消費者物価、ＧＤＰギャップ、単位労働コストに加え、ＧＤＰデフレーターを採用したが、「輸入インフレ」をデフレと勘違いした可能性がある。

（大崎明子）

「ジョブ型雇用時代」はどんな働き方になるか?

「雇用はメンバーシップ型からジョブ型への転換を」。ここ数年、人材業界や労務担当者間で盛んに交わされている言葉だ。

ジョブ型雇用とは、海外で主流の形態で、仕事内容や勤務地、求める能力、給料水準などを明確にする。職務内容を記したジョブディスクリプション(職務記述書)という書類を明示し、その仕事をこなせる人材を採用する。

一方、メンバーシップ型雇用は、仕事内容は明確にせず、配置転換を通してさまざまな仕事をさせていく形態を指す。これは、新卒一括採用、年功序列の終身雇用といった、その会社にずっと勤務することを前提にした制度だ。

メンバーシップ型雇用は日本の経済成長を支えてきた制度といえる。しかし、人材が硬直化し、イノベーションを生み出しにくいとの声が高まっていた。その打開策にジョブ型雇用が用いられている。

日本経済団体連合会（経団連）は、2018年11月に「Society5.0」という提言を発表、その中で、「ジョブディスクリプションによって具体的な職務内容や目標、責任、権限を明確化し、（中略）具体的な成果を客観的に評価する方法を構築することも一案」との言葉を盛り込んだ。20年の産学協議会の報告書では、ジョブ型採用の拡大、メンバーシップ型とジョブ型の組み合わせによる自社型雇用システムの確立などをうたった。

リクルートワークス研究所の奥本英宏所長は「プロフェッショナル人材が活躍できる雇用制度をつくりだすことを経団連は目指している」と語る。実際、大学院生向けの長期インターンシップを推進するなど、専門性の高い人材の採用を想定している部分は多い。

ビジネスパーソン側でもジョブ型雇用やその延長線上にある働き方を望む声は強い。日本生産性本部が実施した調査では、「仕事内容や勤務条件を優先し同じ勤め先にはこだわらない」をジョブ型、「同じ勤め先で長く働き異動や転勤の命令は受け入れる」をメンバーシップ型とすると、ジョブ型を求める割合が高い。その傾向はキャリアプランを明確に描いていない社員ほど強くなっている。

◆ 3分の2がジョブ型志向

—希望する働き方—

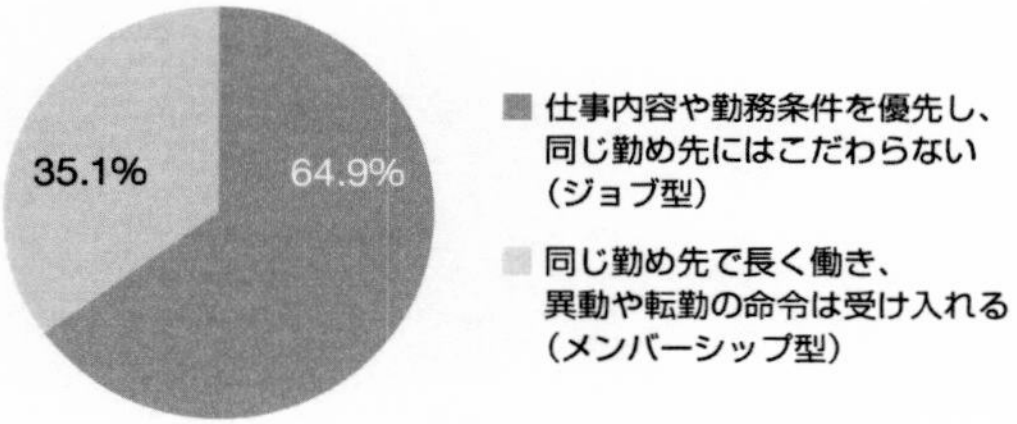

—キャリアプラン有無別・希望する働き方—

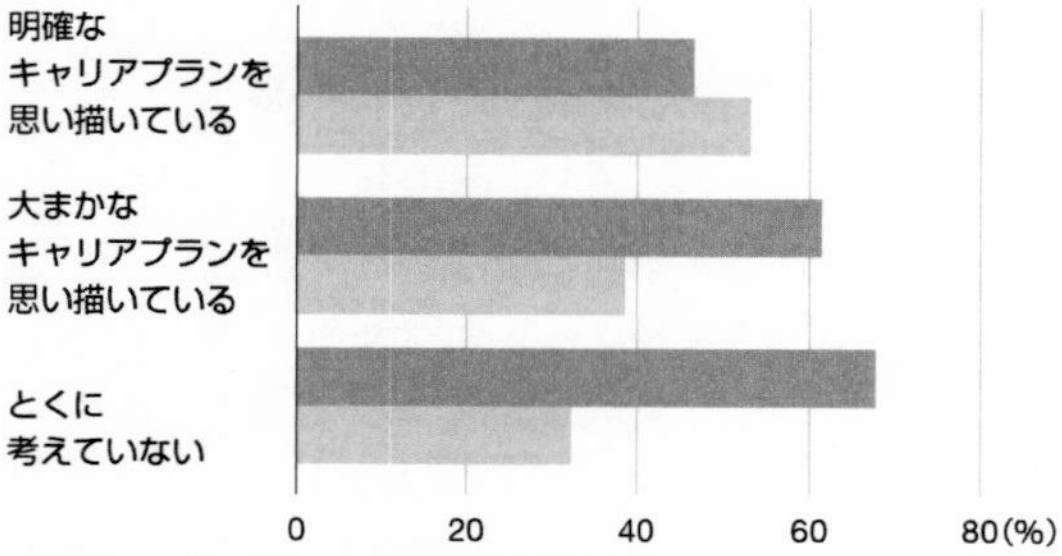

（注）20歳以上の雇用者1100人が回答。2021年10月調査
（出所）日本生産性本部「第7回働く人の意識に関する調査」

その背景には、ワーク・ライフ・バランスが取れた働き方を志向する人が増えてきたことがある。仕事の範囲がわかり、会社の都合でプライベートが左右されないことを望む。また、コロナ禍でリモートワークが拡大したことで、職務を明確にできるジョブ型がもてはやされるようになった。

90年代後半から提唱

ただ、こうした職務ごとの賃金制度やジョブディスクリプションなどを作成する取り組みは1990年代後半からずっと提唱されてきた。「ジョブ型という言葉が普及し、そのブームが起きている」(パーソル総合研究所の小林祐児上席主任研究員)という。言葉の置き換えにすぎない側面もあるが、「ジョブ型」をうたうことで、社外で話題になるだけでなく、社内に問題意識を植え付けることにもつながるという。(後述【焦点】参照)

制度を導入したい企業側の思惑として、年々給料が上がり、時期が経てば昇進をする年功序列による旧来型の賃金体系や人事制度といったメンバーシップ型の特徴を改めたいことが根本にある。

ジョブ型雇用自体は人材流動化を促進する制度ではないが、ジョブ型雇用を導入している企業は退職を前提にした人事制度を構築している。退職勧奨や希望退職を実施し、制度のルール化にも取り組んでいる。

運用を誤って失敗する例もある。年功序列の是正や、中高年層の待遇見直しで、将来有望な若手人材までもが退職してしまうというのだ。「年功処遇を下げたら長期就業のインセンティブは減る。にもかかわらず優秀な若手人材に十分な処遇をしていないと、見切りをつけられてしまう」（小林氏）。

働く側にとっては、仕事を変えない限り同じ待遇が続くということを考慮する必要がある。

今後、ジョブ型とメンバーシップ型の「いいとこ取り」の制度が増えるとの見方もある。しかし、海外で行われているように、ジョブ型採用とは別に、少数の幹部候補生を採用するルートをつくる企業が増える可能性がある。「そうした幹部候補生はサクセッションプランニング（後継者育成計画）に基づき、ジョブローテーションでキャリアを積み上げていく」（小林氏）イメージだ。バリバリ働いてキャリアを積み上げる層と、同じ仕事を続け給料アップは望みにくいがワーク・ライフ・バランスは充実する層との二極化が進むと思われる。

【疑問へ解説】

① ジョブ型雇用は職務が不変な一方、待遇も大きく変わらない。ただワーク・ライフ・バランスは実現しやすい

② 少数の幹部候補向けにジョブローテーションでキャリアを積むルートを用意。ジョブ型雇用との二極化となる

【焦点】大企業への波及と人材の目利き力がカギ

今後のポイントは、まず大企業がどこまでジョブ型雇用に踏み切れるかだ。すでに、富士通やＫＤＤＩ、日立製作所など巨大企業がジョブ型雇用を実施、もしくは転換を

表明した。年功序列制度の見直しも目的の1つだが、事業をグローバルに展開していくうえで、「人事制度の世界標準化」を図る必要がある。

一方、今後重要になってくるのが「職務内容の明確化」と「採用時の目利き力」だ。日本企業の求人情報は、条件や待遇などを記載するのみで、細かな職務内容まで踏み込んだものにはなっていなかった。職務記述書を作成するには、自社の仕事内容をより具体化する必要があり、場合によっては個々の仕事をモジュール（標準）化させる必要も出てくるだろう。

目利き力は、中途採用なら前職の経験から判断できる。しかし、新卒社員は将来の可能性を見る「ポテンシャル採用」が主流だったため、見直しが求められる。長期インターンシップの導入など、実務能力を見極める場が増えていくと考えられる。

（宇都宮　徹）

人口減と経済停滞の日本　年金制度は大丈夫か?

「自分が高齢者になる頃の日本には頼りになる年金制度はない」。こんな不安を抱く若者は少なくない。少子化と経済停滞が続く日本の先行きに加え、世界で最悪の公的債務状況に対する懸念も絡み合っているようだ。

ただ、肝心要の公的年金システムの趣旨やその本質を理解しないまま、過剰な不安を抱いている人も少なくない。どんな不安が過剰なのかを区分けしながら、真の課題と対処方法を見ていこう。

公的年金は正式名称が「厚生年金保険」などであるように、高齢になって働くことが困難になったときの所得を確保するための保険だ。高齢期に必要な所得総額はどれだけ長生きするかによって変わってくるが、自分がいつ死ぬかは誰も予測できない。

そこで公的年金は、現役時代にみんなで保険料を拠出しておき、より長生きした人に多くの給付を行う「掛け捨て保険」として機能している。

公的年金が存在せず、個々人の自助努力による積立貯蓄で高齢期の所得を確保しようとした場合、寿命次第で貯蓄の不足や使い残しが発生する。その結果、幸福が阻害され経済全体の効率性においても弊害が生じかねない。それを踏まえ、公的年金は、高齢期の防貧政策としての機能を、保険の仕組みによって効率的に発揮している。

これが金融面から見た公的年金の姿だとすれば、実物経済という側面からはまた違った年金像が見えてくる。ここで公的年金は、現役世代の生産物（食料や医療サービスなど）の一定割合を高齢世代に再分配する仕組みとして機能している。公的年金が存在しなかった時代には、息子や娘は年老いた親に自分の生産物の一部を仕送りとして分配した。それと同じことが現在、公的年金の形で社会全体のシステムとして行われている。

このように見ても、「現在の若者が高齢者になる頃には年金はもらえなくなっている」という考えが的外れであることがわかる。

仮に将来、日本経済が弱くなっていたとしても、何も生産していないことはありえない。経済活動の成果の一部を効率的に高齢世代へ再分配する仕組みが公的年金であり、その年金受給の権利を法的に支えるのが保険料拠出という金融の側面だ。そうした役割を理解せず、むしろ過剰な不信感から「公的年金は要らない」という世論が形成されることのほうが民主主義社会にとってはリスクとなる。

将来の給付水準は十分か

公的年金の原理やその継続性の強さを理解したら、次は実際の給付水準が将来どうなるのかについて見ていこう。一人ひとりの受給者が受け取る給付の水準は十分かという問題が残されているからだ。

政府は、5年に一度行われる将来人口推計を基に給付見通しを公表している。その一部を示したのが次の図だ。

◆ 所得代替率は下がるも個々人で年金額改善へ工夫の余地あり

―現在22歳の若者の年金受給の見通し―

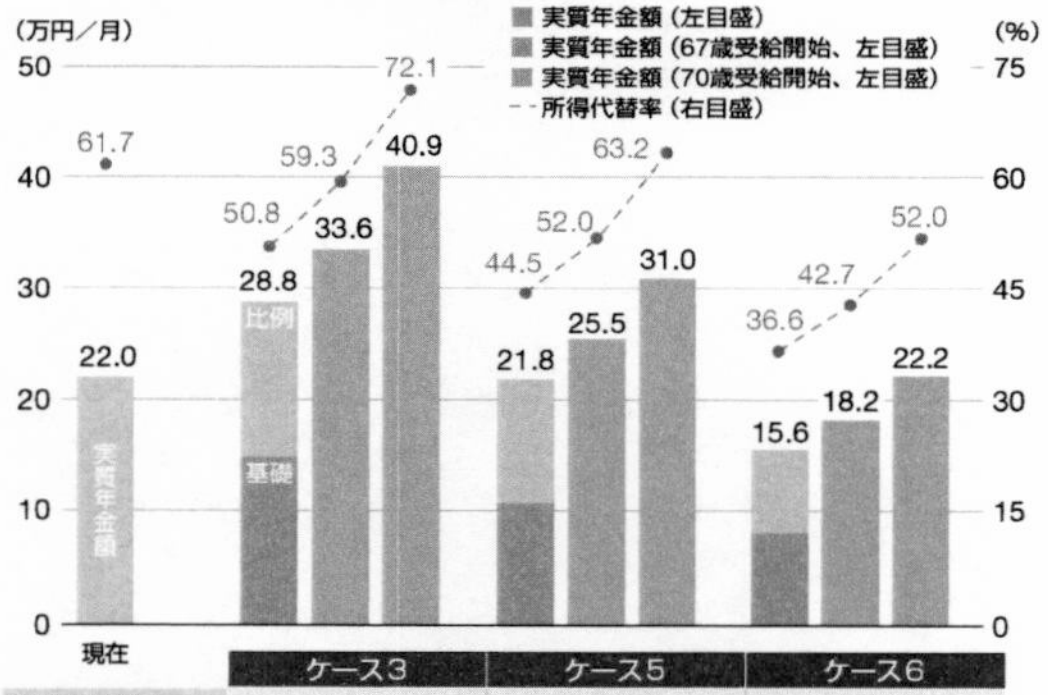

	ケース3	ケース5	ケース6
物価上昇率	1.2%	0.8%	0.5%
賃金上昇率(実質)	1.1%	0.8%	0.4%
経済成長率(実質)	0.4%	0.0%	▲0.5%

中間的 ←経済前提→ 悲観的

(注)「夫が平均的収入(ボーナス含む月額換算42.8万円)で40年間就業し、妻はその期間すべて専業主婦」というモデル世帯の場合。所得代替率は現役世代の手取り収入額(ボーナス込み)に対する年金額の割合。実質年金額は物価上昇率で2019年度に割り戻した実質額。▲はマイナス。ケースは厚生労働省の試算で1、2、4は割愛
(出所)厚生労働省「2019年財政検証詳細結果等」を基に東洋経済作成

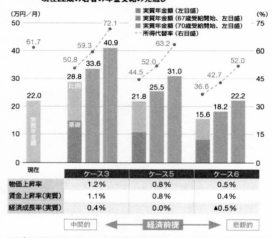

まず着目すべきは、公的年金の給付水準を示す最も標準的な指標である所得代替率という数値だ（茶色の折れ線グラフ）。

これは、現役世代の手取り収入額（ボーナス込み）に対する年金額の割合であり、政府は給付の十分性の観点からモデル世帯において50％を下限に設定している。図のように現在の所得代替率は61・7％だが、将来的には中間的な経済シナリオのケース3でかろうじて50％強を確保するものの、悲観的なシナリオのケース5や6では50％割れになる見通しだ。

所得代替率は基本的に保険料率と人口要因（拠出者数と受給者数の割合）で決まる。日本の公的年金の保険料率は18・3％（労使折半、厚生年金）で固定されており、少子化で人口要因が悪化すれば所得代替率の低下は免れない。

そのため現在、政府が進めているのは、現行の保険料率を固定したまま所得代替率を底上げするための制度改革案だ。それらを実現すると、将来の所得代替率を最大10％程度改善できるが、改革の進展速度は遅く、政府はもっと急ぐ必要がある。（後述【焦点】参照）

一方で、将来の所得代替率低下が直ちに年金額の減少につながるわけではないことにも留意しておきたい。実際に受け取る年金額は、所得代替率と現役世代の所得の掛け算で決まる。経済成長によって将来の現役世代の所得が一定以上増えれば、所得代替率低下の影響に打ち勝って年金額は増える。

もう一度、先のグラフに戻ってみると、長期の経済成長率が年率0・4%となる前提のケース3においては、緑の棒グラフの示す実質年金額は現在より増加する（将来の物価上昇を割り引いた実質購買力ベース）。一方、同0・0%の経済成長率が長期的に続くケース5では微減、同マイナス0・5%が続くケース6では月額6・4万円の減少となる見通しだ。

個人の取り組みで増額も

将来の経済前提の相場観は人それぞれだ。人により公的年金に対する悲観の度合いは変わるだろう。

そうした中で、個々人の取り組みによって自分の受け取る年金額を増やす方法もある。それが繰り下げ受給だ。

繰り下げ受給では、年金の受給開始年齢を標準の65歳から1カ月遅らせるごとに年金が0・7％増える。上限となる75歳での受給開始なら84％アップする。増額された年金額は一生涯続く。繰り下げで平均的な受給期間が短縮されるため、全体の年金財政には中立だ。

先の図では、受給開始が67歳と70歳の場合の所得代替率と実質年金額も示した。経済シナリオにもよるが、現在と同水準またはそれ以上の給付水準になりうることがわかる。個々人としてはスキルアップなどにより、なるべく長く働くことが、年金不安への最大の防衛策になる。

【疑問へ解説】

① 少子化の影響で将来の給付水準（所得代替率）は低下へ。ただ、マイルドな経済成長さえ実現すれば、年金額増も

② 個々人の取り組みで年金額を増やせる繰り下げ受給はかなり強力だが、全体の給付底上げを図る制度改革が急務だ

【焦点】今後の年金制度改革はどうなるのか?

現在、政府の進める制度改革の1つが厚生年金の適用対象の拡大だ。対象を短時間労働者にも拡大すると、その人たちの将来の防貧効果が高まるうえ、公的年金全体の給付水準も底上げされる。同様に近年増加中のフリーランスやギグワーカーに対しても厚生年金加入を図る改革案が検討されている。

基礎年金の拠出期間を現在の40年から45年に延長することも改革案の1つだ。公的年金の原理に基づくと、拠出期間の長期化は拠出者と受給者の比率を改善する効果を持つ。そのため、給付水準の底上げに直結する。

現在の高齢世代の給付を調整するマクロ経済スライドについては本記事で触れなかったが、経済低成長下では発動しにくいのが大きな問題だ。これを改善すれば、先の図(年金受給の見通し)のケース5、6のような厳しい経済前提においても将来給付水準が改善する効果のあることが知られている。

これらの改革案には高齢世代や経済界などからの反対がある。いかに早期に政治決着できるかが公的年金の最大の難関だ。

(野村明弘)

暗号資産が普通の通貨になるのか？

2022年2月、「お金」にまつわるちょっとしたニュースが駆け巡った。日本銀行によると、1月の硬貨流通量は前年同月比0・1%減の5兆0394億円となり、実に2012年5月以来、約10年ぶりの減少を記録したのだ。

1円玉から100円玉までは以前から前年割れだったが、大幅な増加を続けていた500円玉も前年同月比伸び率が急低下し、2月には0・2%減と前年を下回った。ニッセイ基礎研究所の上野剛志上席エコノミストは「小口決済がメインであるQRコード決済や電子マネーの利用が伸びたことに加え、1月にゆうちょ銀行が硬貨の預け入れ手数料を導入したことも影響したのではないか」と指摘する。

海外より出遅れていた日本のキャッシュレス化も着実に進みつつあることを示す

ニュースだ。

一方、お金の世界をめぐっては、暗号資産関連のニュースも途切れることがない。相変わらずの価格乱高下を見せるビットコインに加え、米ドルなど法定通貨に価値をひも付けた暗号資産「ステーブルコイン」の発行急増や、中央銀行が発行するデジタル通貨「CBDC」計画への注目も高まっている。

新しい便利なお金の登場はうれしい限りだ。しかし、たくさんの新顔が現れ、技術革新も激しいため、私たちのお金の将来像は混沌としているように見える。時々刻々と変化するニュースのポイントをいかに押さえていけばいいのか。

貨幣の種類は2つだけ

デジタルの世界は入り乱れているが、大きく分ければお金の種類は2つしかない。商品貨幣と信用貨幣という分類だ。

商品貨幣は、経済が未発達の時代に見られたもので、それ自体が商品としての価値を持つ。代表例は金や銀などの貴金属。商品としての価値が失われにくく、運搬も容易だ。江戸時代の農村のコメのように穀物が貨幣代わりになったときもあり、経済学の教科書では刑務所でたばこが貨幣としてやり取りされる挿話がよく登場する。

ビットコインはこの商品貨幣の一種と考えられる。発行枚数に上限があるうえ、それ自体にネット時代を象徴する何らかの価値があると信じられているからだ。ただし、実物資産による価値の裏付けを欠く電子データにすぎないことも事実で、単なる「バブル」だと考えている人も少なくない。

いずれにしてもビットコインなどの暗号資産は、投機によって価格が乱高下するため、決済手段としてはほとんど使えない。契約から決済までの間に価値が急減しかねず、受け手が嫌がるからだ。暗号資産は投資対象物であって、将来のお金の主流にはなりにくい。

ただ、ビットコインなどの商品貨幣は「無国籍通貨」としての性格を持ち、特定の局面では今後も注目されるのは間違いない。後述するようにお金の主流である法定通貨や銀行預金などの信用貨幣は国家管理の性格が強く、その統制から逃れたいというニーズにおいて商品貨幣は重宝されるからだ。

例えば、現在でも中銀の多くは外貨準備として外貨のほかに金を保有しているが、それは諸外国の統制から独立した資産を一部持っておきたいからだ。また自国政府を信用できない場合や、脱税・非合法取引のため政府から逃れたいときには、お金を商品貨幣に移転するやり方が昔から使われてきた。一昔前まで移転先の主役は貴金属だったが、より簡単に移転できる暗号資産への注目度は高い。（後述【焦点】参照）

信用貨幣とは何か？

お金をめぐっては商品貨幣のほかにもう1つの起源説がある。債権・債務を基にした信用貨幣だ。

物々交換の経済が拡大すると、当事者間で貸し借り関係が生じる。そのとき、貸し手が受け取った手形などの債務証書が、信用を共有する人たちの間で転売され流通することによって貨幣の機能を果たし始めたと考えられている。やがて、貸し借りの仲介役となる銀行が現れ、銀行券や預金などの形へ信用貨幣は広がった。

信用貨幣のポイントは、その階層構造の頂点に国家（政府・中銀）が立つことだ。信用貨幣は単なる債務証書（紙や電子データ）であり、商品貨幣と違ってそれ自体には価値がない。そのため、債権・債務関係が清算されるときに何で価値が支払われるかが重要になる。かつて金本位制の時代には金が最終的な支払い物になったが、現在その地位にあるのは法的に強制通用力が認められた、国家による法定通貨（紙幣や硬貨）だ。

このように信用貨幣では、法定通貨を頂点としてその「代替物」としての銀行預金があり、さらにQRコード決済・電子マネーやステーブルコインがこれに続く形になっている。各サービスでは預け入れ・払い込みされた法定通貨の価値が確実に維持されるよう運営主体は政府の規制対象になる。問題が起きれば、取り付け騒ぎになるからだ。それぞれに得意な利用領域を持ち、市場開拓を行っているので、将来は1つに収斂せず、すみ分ける可能性も十分にある。

こうした中、1つだけ立ち位置が違うのが、中銀が発行するCBDCだ。CBDC

は「デジタルの法定通貨」であり、紙幣・硬貨と同等の信用力を持つ。そのため放っておけば、銀行預金の多くがCBDCに移行しかねず、使い勝手が同等なら電子マネーやステーブルコインを駆逐する可能性もある。
そのため、欧米日の中銀は金融システム安定化や民間のイノベーション優先という方針を重視し、制度設計に時間をかけている。先行する中国を横目に、欧米日のCBDC開始は最短でも5年程度先となりそうだ。

【疑問へ解説】
① QRコード決済・電子マネーやステーブルコインなど新しいお金が続々と登場したが、お金の種類は2つしかない
② 商品貨幣は「無国籍通貨」として注目される。信用貨幣は政府の規制の中で新サービスのすみ分けが進みそうだ

【焦点】ロシアへの経済制裁で「無国籍通貨」にも風圧

ロシアによるウクライナ侵攻は、お金の将来にも大きな影響を与えそうだ。

西側主要国は、経済制裁としてロシアの一部銀行を国際決済網から事実上締め出し、ロシア中央銀行が保有する米ドルやユーロ、円などの外貨準備を凍結した。通貨ルーブルの下落や貿易縮小により、ロシア経済は重要物資の不足や厳しいインフレに直面する見通しだ。

こうした中で、ロシアが今後、ビットコインなどの暗号資産を金融制裁の抜け穴に使うのではないかとの見方が広がり、西側政府は暗号資産交換業者に対し、対ロシア取引を停止させる規制案などを検討している。

暗号資産では、個人が自身のウォレット（電子財布）を使えば交換業者を介さずに送金できるため、利用者の完全な締め出しは難しい。とはいえ、世界経済のブロック化が「無国籍通貨」である暗号資産の規制強化につながる可能性はある。また、ビットコインと違い運営主体を持つ暗号資産も多数あり、政府との距離に注目が集まりそうだ。


（野村明弘）

「利上げ」はなぜ話題になるのか?

フリーライター・小林義崇

【ポイント】
①景気低迷が長期化する日本では金利を上げようにも上げられない状況が続いている。
②住宅ローンのように長期間お金を借りる場合は、たった1%金利の違いが、返済額に大きく影響する。

ニュース番組などで利上げに関するトピックが取り上げられることがよくある。利上げとは、政策金利として中央銀行(日本の場合は日本銀行)が目指す金利を引き上げることを意味する。

なぜ利上げが話題になるのかというと、金利は株価や物価といった経済情勢に関連し、やがては預金利息やローンの返済額などに波及して、私たちの生活に直接影響するからだ。日銀は金融政策により金利をコントロールし、経済の安定化を図っている。具体的な金融政策は、「金融政策決定会合」の決定内容の公表を通じて明らかにされる。日銀が金利のコントロールのために現在行っているのが、「公開市場操作」と呼ばれる方法だ。日銀と民間金融機関との間で資金貸し付けなどの取引を行い、市場の資金量を増減させることで、金利をコントロールしている。

2013年4月の金融政策決定会合では、「量的・質的金融緩和」が導入された。普通預金などに影響する短期金利と、ローンや1年以上の定期預金に影響する長期金利について、それぞれ日銀は次のように対応している。

短期金利は、世の中に出回るお金が増えれば下がり、逆に減れば上がる。このメカニズムを利用している。また近年は日銀当座預金の「政策金利残高」に適用する金利を短期の政策金利とする。

長期金利については、短期金利と異なり「10年物国債」の金利に連動している。本来、10年物国債の金利は、国債に対する需要と供給のバランスで決まる。需要がない、つまり国債が買われなければ国債の金利は上がるのが普通だ。しかし、日銀が10年物国債を買い入れることで、10年物国債の金利を押し下げ、結果として長期金利の上昇を防いでいるのである。

金利には、景気を調節する機能がある。この理屈を理解すると、利上げが行われるかどうかというのは、ある程度予想することができる。金利を低くすると、個人や企業はお金を借りやすくなる。また企業の設備投資も増えて、景気の上昇につながることになる。市場に多くのお金が出回ることで株式投資が活発化し、株価上昇にもつながる。したがって、不景気のとき、日銀は金利を下げようとする。

逆に、景気が回復すると、政府は金利を上げて対処しようとする。「なぜ景気回復が問題になるの?」と思うかもしれないが、それは景気が急速によくなると、物価上昇などから生活に支障を来すおそれがあるためだ。金利が上がると、企業が設備投資を控える。個人のローンも返済条件が厳しくなり使いにくくなる。その結果、支出が抑えられ、景気の過熱を防げるという仕組みである。

利上げを過小評価しない

現在の日本はどのような状況なのかというと、歴史的な低金利である。１９９９年に「ゼロ金利政策」が導入され、１６年以降は「マイナス金利政策」が継続している。そして今や一般的な普通預金の金利は年率０・００１％という、かつてない低金利になっている。

マイナス金利政策の下では、銀行は日銀にお金を預けると、その預金の一部について逆に金利を負担することになる。そのため銀行は日銀に預けていたお金を引き出し、企業などへの貸し出しや投資を増やす方向にインセンティブが働くことになる。こうした動きを景気の回復につなげようというのが、日銀の狙いなのだ。

ところが、マイナス金利政策下にもかかわらず、日本はいまだに不景気を抜け出せない。本来なら低金利が景気回復につながり、その結果、金利は上がっていくというのが理想的な流れなのだが、景気低迷が長期化する日本では、日銀が金利を上げようにも上げられない状況が続いているのだ。

日本ではまだしばらく、金利が上がるという局面は頭に浮かべにくい。だが、いつかはわからないが、いずれ経済動向や日銀の金融政策の方針次第で、金利が上昇する可能性はあるだろう。

そうした金利上昇局面で私たち個人が覚えておかなければならないのは、金利上昇の影響を過小評価しないことである。とくに住宅ローンのように長い期間、お金を借りる場合は要注意だ。

「金利が1%上がる」と聞いても、あまり生活に影響はないと考える人がいるかもしれない。「100万円を借りたときの利息が1万円増える」といった印象で捉えると、金利上昇のインパクトを見誤ってしまうだろう。なぜなら、実際に支払う利息の割合は、返済期間の長さによってまったく変わるからである。

定期預金の一部は複利方式で、雪だるま式に利息が増えてくる。一方、住宅ローンのように長くお金を借りる場合は、たった1%の金利の違いが、返済額に大きく影響する。返済期間35年の住宅ローンの返済額が、わずかな金利差から数百万円単位で変わることも珍しくない。

◆ 100万円を金利1%で借りる場合

返済期間	1年	10年	30年
返済総額	1,005,420円	1,051,192円	1,157,722円
借りた金額に対する利息の割合	0.542%	5.1192%	15.722%

（注）元利均等で毎月返済の場合

◆ 3000万円を35年間借りる場合

金利	0.5%	1%	2%
返済総額	32,707,560円	35,567,804円	41,738,968円
月々の返済額	77,875円	84,685円	99,378円

（注）元利均等で毎月返済の場合

ローンの金利は「固定金利」と「変動金利」に分かれる点も覚えておきたい。当初の金利条件が返済完了まで続く固定金利と違い、変動金利は市場の金利に合わせて変わる。同じ時点では変動金利のほうが固定金利より低く設定されていても、その低い金利が返済完了まで保証されるものではない。

住宅ローンなど30年を超えるような長い返済期間のローンを組む場合、金利の条件をチェックしておく必要がある。金融機関によってローンの金利条件は違うので、低い金利のローンを探すとよい。そのうえで、金利上昇に不安がなければ変動金利を、そうでなければ固定金利を選ぶのがセオリーだ。

小林義宗（こばやし・よしたか）
東京国税局の国税専門官として、相続税の調査や所得税の確定申告対応などに従事。2017年にフリーライターに転身。著書に『すみません、金利ってなんですか?』など。

【基本知識②】為替の仕組み

円・ドルは貿易ではなく投機家の行動に左右される

久留米大学教授・塚崎公義

【ポイント】

①日本では輸出と輸入がおおむね同額で、ドルの値段には中立だが、投資家や投機家の動きで為替の変化が激しくなる。

②近年の傾向として、米国の景気がよくなると米国の金利が上がる。米国の景気拡大はドル高・円安につながる。

為替レートというのは、「通貨と通貨の交換比率」のことであるが、各国におけるドルの値段だと考えてよい。リンゴとミカンの交換比率を考える際にはリンゴと現金、ミカンと現金の交換比率を調べて、その比率を計算するわけだが、日本円と中国人民元の交換比率も、円とドル、人民元とドルの交換比率を調べて、それを用いて計算するわけだ。

ドル高、ドル安というのは、日本人がドルを買うときの値段が高いか安いか、という話だが、円安、円高というのは米国人が円を買うときの値段の話である。同じものを反対側から見ているだけなので、ドル安と円高は同じもので、ドル高と円安も同じものである。

100円から200円に数字が増えたから円高なのかと思うと、そうではなく、数字が増えるのはドル高だから円安だ。日本人はドル高ドル安と言えばよさそうなものだが、円高、円安と言う日本人が多いのは不思議な感じがする。

ドル高・円安になると、外国のモノを買うときに多くの円を支払う必要が出てくる。つまり、外国のモノが値上がりする。消費者の立場では困ったことだが、企業の立場からするとうれしい話だ。1ドルのモノを外国に売りに行って、持って帰ってきたドルを銀行で売ると多くの円が手に入るためだ。消費者も「それでは日本製品を買おう」

と思うかもしれない。

貿易はドルの値段に中立

では、ドルの値段はどのように決まるのだろうか。売る人が多ければ値下がりし、買う人が多ければ値上がりするというのが基本だが、問題は売る人や買う人が多様であることだ。

ドルの値段を考える際に重要なのは貿易である。日本と米国のモノの値段が大体同じになるようにドルの値段が決まるからである。例えば、明日起きたら1ドル＝1円だったとしよう。人々は銀行でドルを買い、米国に買い物に行こうとするだろう。銀行にドルを買う人が殺到すると、ドルが値上がりするはずだ。しかし、ドルが値上がりしていくと、米国に買い物に行っても、日本で買っても、結局同じことだというところで動きは止まるだろう。

ただ米国に買い物に行く費用などを考えると、まったく同じ値段になるということではない。「大体同じ値段」の幅の中で、「貿易業者」「米国債投資家」「投機家」などの売り買いによってドルの値段が動くわけだ。

輸出企業は持ち帰ったドルを売り、輸入企業は輸入代金のドルを買うので、輸出が輸入より多ければドルが値下がりしやすく、輸出が輸入より少なければ値上がりしやすい。最近の日本は、輸出と輸入がほぼ同額なので、貿易はドルの値段におおむね中立である。

米国の金利が高くなると、日本国債を売ってドルを買い、米国債を買う人が増えてくるので、ドル買い注文によってドルが値上がりする力が働く。反対に米国の金利が下がると、「米国債を持っているとドル安で損するかもしれないから、米国債を売って日本国債を持っていたほうが安心だ」と考えてドルを売る人が増えるので、ドルが値下がりする力が働く。


現実の問題は世界中に短期売買で利益を得ようとする投機家が大勢いることだ。「ドルが値上がりしそうだからドルを買って持っていよう」という人が増えればドルが値上がりし、ドルの値下がりを予想する人が増えれば、そのドル売りでドルが値下がりする。

ここでいう投機家には、来年の海外旅行費用を今払うか、来年払うか迷っている人や、受け取った輸出代金を直ちに売るか、ドル高になるのを待つか迷っている企業なども含まれる。一般人も時として、投機家と同様の意思決定を行っているのだ。「ほかの人たちがドルを買うような気がするから自分が他人より先にドルを買う」といった行動を取っているので、「市場の雰囲気」でドルの値段が動くことも多い。

最近の投機家たちは、「米国の景気がよくなると米国の金利が上がるのでドル高・円安になる」ということを重視していて、米国の景気拡大はドル高要因である。バブルの頃は、「米国の景気がよいと輸入が増えるのでドル安・円高になる」といわれていた。投機家が注目することが変わったのだ。

企業への影響は限定的に

ドル高・円安が日本経済に及ぼす影響としては、輸出が増えて輸入が減り、物価が上がるということだ。輸出企業は、輸出して海外から受け取ったドルを売れば儲かるので、真剣に輸出を増やそうとする。輸入企業はドルを高く買わされる分を売値に転嫁しようとするため、買い手の需要は輸入品から国産品にシフトする。

一方、輸入価格上昇が小売価格に転嫁されると、消費者の購買意欲が低下するので個人消費が減少し、景気に悪影響が及ぶ。インフレを懸念して日本銀行が金融の引き締めを始めれば、明らかに景気にマイナスだ。だが、アベノミクスの時代には大幅な円安になったものの、輸出数量はそれほど増えず、輸入数量は減らなかったし、消費者物価も上がらなかった。円安で起こるはずのことが、大幅な円安だったにもかかわらず少ししか起きなかったわけだ。

その原因は日本経済の構造変化である。とくに重要なのは輸出企業の動向だ。企業は「急激な円安や円高のたびに利益額が大幅に増減したり、生産体制を見直したりするのは嫌だ」という考えから、「輸出せずに最初から海外で生産しよう」という戦略へ舵を切った。

したがって、今では基本的には、ドル高であってもドル安であっても景気にはほぼ中立で、影響は以前よりも限定的だ。昭和の時代には、輸出増の効果が大きかったので、ドル高・円安は景気拡大要因であった。時代は変わった。

ドル高・円安で日本人が貧しくなったという人が多いが、必ずしもそうではない。「海外に旅行すると値段が高くて、よいホテルに泊まれない」といっても、日本で暮らしているときには円を使っているのだから、実はそんなに気にする話ではない。

◆ ドルの値段を動かす要因

	値上がり要因	値下がり要因
貿易	輸入が増加して、輸入代金のドル買いが増加	輸出が増加して輸出代金のドル売りが増加
投資	米国金利が上昇して米国債購入のドル買いが増加	米国金利が低下して米国債売却のドル売りが増加
投機	投機家が値上がりを予想してドル買い	投機家が値下がりを予想してドル売り

◆ ドル高の景気への影響

最初に起きること	次に起きること	景気への影響
輸出の増加	輸出のための生産が増加	プラス
需要が輸入品から国産品へ	国産品の生産が増加	プラス
消費者物価の上昇	消費意欲の減退	マイナス
インフレ懸念の発生	金融の引き締め	マイナス

ドル高・円安になると、海外で働く人のほうが給料は高くなるが、物価も高くなるので、外国人と日本人の生活レベルにそれほど格差が生じるわけではない。輸入品が高くなった分だけ日本人の生活がやや苦しくなるという面はあるが、その一方で日本の持っている外貨が値上がりして、その分の資産が増えるという面もある。日本の生活水準がほかの先進国よりも低くなったというのであれば、それは日本の経済成長率が低いからであって、ドル高・円安の結果ではないのである。

塚崎公義（つかさき・きみよし）
1981年日本興業銀行（現みずほ銀行）入行。主に経済調査関係の仕事に従事。2005年から現職。『世界でいちばんやさしくて役立つ経済の教科書』など著書多数。

【基本知識③】成長率の「名目」と「実質」とは？

景気判断の観点では名目成長率を重視する

経済評論家・加谷珪一

【ポイント】
①違いは物価上昇分の有無だが、「統計マジック」によって見え方が変わることも。
②日本では名目成長率よりも実質成長率のほうが高い。バブル崩壊後はこの「名実逆転」が常態化。名目成長率が低いので、国民は豊かさを実感できない。

ＧＤＰ（国内総生産）など経済指標に付いて回るのが「名目」と「実質」の違いだ。例えば２０２１年１０～１２月期のＧＤＰ成長率は、名目がプラス０・３％、実質がプラス1・1%であり、両者の数字は一致していない。
名目値とは統計から得られたそのままの結果であり、実質は物価の変動を考慮した値である。例えば、GDPが1年間で5%成長しても、物価が2%上昇した場合には、2%分については単に商品の値段が上がったにすぎず、生産量や消費量が増えたわけではない。生産量や消費量が実際、どの程度変動したのかを知りたい場合、価格の上下変動は邪魔な情報となる。このようなケースでは、もし価格に変動がなかった場合、成長率がどの程度だったのかについて示す必要があり、これを実質値と呼ぶ。つまり名目成長率から物価上昇分を差し引いた数字が実質値、物価上昇分を差し引かない数字が名目値ということになる。

GDPは、国内の経済活動全般を知る目的で使われるケースが多いので、前置きなしでGDP成長について議論するときにはたいてい実質値が使われる。新聞報道などでは「物価の影響を考慮した実質でプラス0・3%」といった説明が加えられることが多い。ただし、すべての統計が実質中心かというとそうではなく、賃金統計では、主に名目値が使われ、必要に応じて実質値での議論も行われる。

シンプルに言ってしまうと名目と実質の違いは物価上昇分の有無なのだが、両者の違いは奥が深く、場合によってはある種の統計マジックによって見え方が大きく変わることもある。経済統計を活用するためには、名目と実質の違いについて、もう少しだけ突っ込んで理解しておいたほうがよい。

名目と実質の違いについて理解を深めるには、成長率だけでなく、GDPの絶対値についても考慮する必要がある。GDPは簡単に言ってしまうと、1年間に取引された商品（経済学の用語では財とサービス）の付加価値の総額だ。企業は商品を仕入れ、付加価値を乗せて消費者に販売している。

例えば80円で商品を仕入れ、100円で売った場合、その企業が生み出した付加価値は20円である。ここでは名目と実質の違いを理解することが主目的なので、話を単純化し、販売価格＝付加価値、つまり付加価値が100％の商品が取引されると仮定する（こうしたケースは現実にはほとんど存在しないがゼロではない。例えばきれいな石を拾って、それを誰かが買えば、仕入れコストはゼロなので付加価値は100％になる）。

◆ 実質GDPと名目GDPの関係（図1）

(a)	生産量	価格（円）	生産額（円）
1年目	100	1	100
2年目	100	1.25	125

生産量が同じでも、価格が上がると、生産額は増える

(b)	生産量	価格（円）	生産額（円）
1年目	100	1	100
2年目	125	1	125

価格が同じでも、生産量が増えると、生産額は増える

(c)	生産量	価格（円）	生産額（円）
1年目	100	1	100
2年目	125	0.8	100

生産量が増えても、価格が下がると、生産額は変わらない

実質GDPと名目GDP、価格の関係

	生産量	価格（円）	生産額（円）
1年目	100	1	100
2年目	120	1.1	132

↓ 実質GDP　↓ 価格指数（デフレーター）　↓ 名目GDP

名目GDP／実質GDP＝デフレーター

図1で実質GDPと名目GDPの関係を説明する。1年間に価格が1円の商品が100単位、生産（取引）されたと仮定すると、その年の生産額は1円×100単位で100円になる（a）。2年目の生産量が同じ100単位でも、価格が1・25円に上昇すれば生産額は125円となり、1年目よりも大きくなる。一方（b）では価格は据え置きだが、生産量が25％増えたので、生産額は125円となり（a）と同じだけ生産額が増えている。さらに（c）のケースでは、生産量が25％増えたが、価格が2割下がったため、最終的な生産額は変わっていない。

生産量について「単位」という言い方をしているのは、商品というのは必ずしも1個、2個と数えられるとは限らないからである。現実社会における取引単位というのは、キロやトンといった重さ、情報量を示すビット、面積を示す坪、などさまざまな種類で構成されており、日本全体の生産量は、無数の単位の集合体だ。ここでの1単位というのは、すべての取引を総合した単位と考えてほしい。

実質だけではつかめない

1年間に取引された付加価値の総額なので、（先の図1）3つの欄における右（生産額）が名目ＧＤＰということになる。一方、同図の左（生産量）の欄は価格の影響を受けていないので、これが実質ＧＤＰに相当する。つまり実質ＧＤＰというのは数量ベースで表現したＧＤＰであり、名目ＧＤＰは金額ベースで表現したＧＤＰと解釈できる。名目値を実質値で割った数字が価格の変動を示す価格指数であり、ＧＤＰの分野ではこれをデフレーターと呼ぶ。（先の図下側）価格の数字は１・１となっているので、ここでは市場全体の価格が１０％上昇したことを示している。

一般的な経済環境では、景気がよくなると名目ＧＤＰと実質ＧＤＰの両方が増えていく。景気の拡大に伴って生産量が増えると同時に、価格も上がっていくからだ。名目ＧＤＰの上昇率は、大抵の場合、実質ＧＤＰの上昇率を上回っているが、不景気で経済が正常に機能しない場合、名目値と実質値が逆転し、実質値のほうが大きくなることがある。

図１の（ｃ）はそのケースで、生産量（実質ＧＤＰ）は増えているにもかかわらず、価格は下落しているので、生産額（名目ＧＤＰ）は横ばいである。この場合、名目成長率は０％だが、実質成長率が２５％と、名目成長率よりも実質成長率のほうが高い。実はバブル崩壊後の日本経済ではこの「名実逆転」がほぼ常態化していた。

◆ 名目と実質との成長率比較（図2）

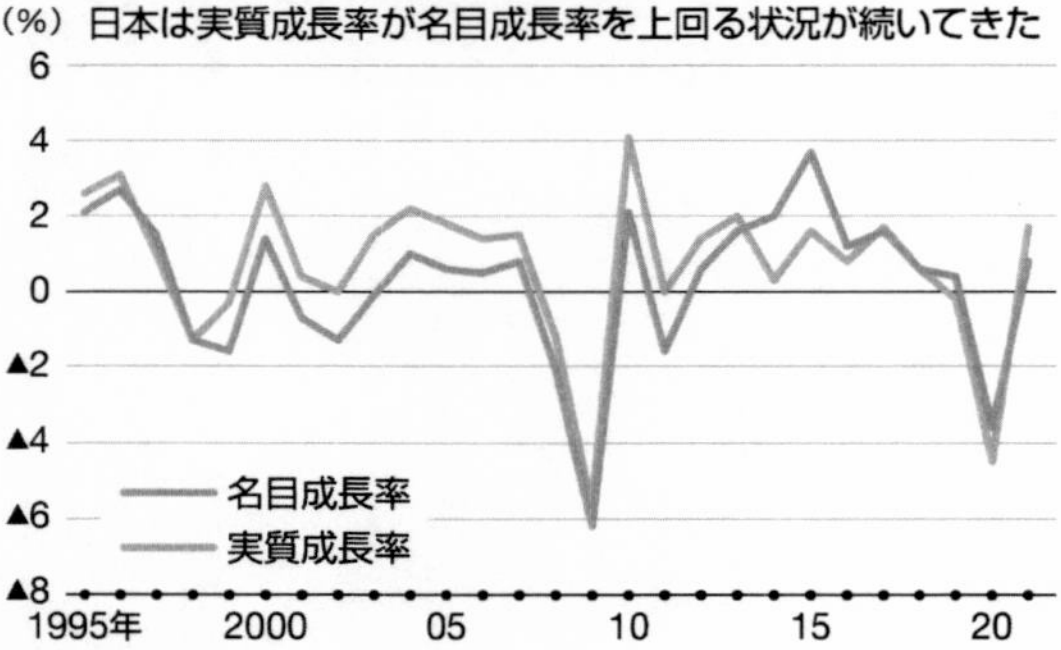

(注) ▲はマイナス
(出所) 内閣府

この図2は1995年以降の日本のGDP成長率を示したグラフだ。多くの年で物価が下落し、実質成長率が名目成長率を上回っている。GDPは国内の生産活動を推計する統計なので、実際に生産した量を示す実質値が重視されるが、景気判断という点では、実質値だけを見ていると見誤る。

価格が下がって、生産量が増えているということは、景気が悪く、値引きしないと商品が売れない、つまり企業が薄利多売になっていると解釈することもできる。確かに生産量は増えたかもしれないが、こうした状況を「景気がいい」と認識する国民は多くないはずだ。

つまり国民の生活実感という点においては、圧倒的に名目GDPのほうが現状をよく表している。過去30年、政府は日本経済は力強く成長していると喧伝してきたが、それは統計のマジックであり、あくまで実質ベースの議論である。経済の体感温度である名目成長率は低く推移していたので、国民が豊かさを感じられなかったのは当然のことである。

加谷珪一（かや・けいいち）

日経ＢＰ社記者を経て、野村証券系の投資ファンド運用会社で企業評価や投資業務に従事。その後、コンサルティング会社を設立。『お金は「歴史」で儲けなさい』など著書多数。

ビジネスに役立つデータも

プロが教える「経済指標」の読み方

大和証券シニアエコノミスト・末廣　徹

経済統計を見る場合、２つの流れをつかむことが重要だ。

１つ目は「時間の流れ」。「先行指標」や「一致指標」「遅行指標」という言葉があるが、経済統計には景気を先取りしている指標、景気の動きに一致して動く指標、景気の動向から少し遅れて変化が生まれる指標がある。

いくつかの経済指標を組み合わせて内閣府が作成する景気動向指数は、先行、一致、遅行の３つの指数に分けられている。景気循環を見るうえでは鉱工業生産指数や有効求人倍率などの一致指数が注目されるが、ビジネスを先取りしたい場合は新規求人数、株価指数、機械受注などの先行指数への注目が必要だろう。なお、遅行指数には失業率などが含まれる。細かい分類はさておき、得た情報が経済変化のどのフェーズを表しているのかを意識することが重要だ。

「経済の体温」と呼ばれ注目度が高い消費者物価指数は、経済変化の「結果」であり、遅行指標となる。景気循環の最後に動くことが一般的で、逆にいえば、エネルギーや穀物の価格上昇により景気循環に先行して物価が上昇している場合は「ノイズ」だと割り切って見る必要がある。

2つ目は「分野ごとの流れ（連関）」だ。サプライチェーンを思い描けば明らかだが、完成品（最終財）を造るには部品が必要であり、その前には原材料が必要になる。得られた経済情報がどの分野に影響を与えるかを予想することで、経済の流れが見える。日銀短観では業種別の景況感指数が得られるが、化学や鉄鋼などの素材系業種が川上、電子部品などが川中、電気機械などが川下に当たる。企業物価指数（ＢｔｏＢ）から消費者物価指数（ＢｔｏＣ）への価格波及も「流れ」の一種だ。

これら2つの「流れ」のゴールが国内総生産（ＧＤＰ）となる。通常、ＧＤＰはさまざまな需要項目を積み上げて作成される。個人消費、住宅投資、設備投資、在庫投資、政府支出、公共投資、外需など「どの主体が需要したことで付加価値（GDP）が生まれたか」を積み上げた統計だ。

例えば、「賃金が上がりそう」という情報を得た場合は、「消費が増えるのか？」（貯蓄に回らないか？）という分析を行う。消費が「増える」との結論なら、個人消費、すなわちGDPが増えると予想される。「流れ」を読む力が、経済予測力にも直結するのだ。

経済統計は、「水準」「前月比」「前年同月比」などさまざまな角度で分析する。ただそれぞれのクセを理解しておくことが重要だ。例えば人口統計など変化が大きくないデータを水準で見てもよくわからない。この場合は「前月比」(四半期の場合は前期比)を見たほうがいい。一方、貿易収支など振れが大きかったり、マイナス値になったりするデータには、前月比は適さない。また、経済統計には「季節性」が付きもので、前月比の増減が季節性によるものということも多い。そこで「水準」と「前月比」の中間的な存在として前年比（「前年同月比」「前年同期比」）というのがある。トレンドの変化をつかむことができるうえに、季節性を気にする必要がない。

ただ、前年比は前年同期からの変化なので、「大きく変化したと思ったら、前年の特殊要因の影響だった」ということもある。そうした影響を「統計の裏」や「ベース効果」と呼んでいる。

ＧＤＰ成長率のような四半期（もしくは月次）データも、前年比で見ることが多い。四半期データの前年比は、年間の平均値を算出し、当該年の平均値と前年の平均値とで比較することが一般的だ。

ただその際、年間のデータの推移によって評価が変わることがある。日本の２０２１年の実質ＧＤＰ成長率は１・７％増で、日本の潜在成長率（約０・５％増）を考慮すれば、高い成長率に見える。しかし、２１年の成長率が高い背景には、コロナ禍で２０年前半の経済が非常に弱かったことがある。実は２１年はまったく成長しなくても（２０年１０～１２月期の経済水準が続いても）約１・８％増の成長が実現する状況だった。この「まったく成長しなくても達成される成長率」を「ゲタ」と呼ぶ。２１年の日本経済は、この「プラスのゲタ」を考慮すると、決してよいパフォーマンスだったとはいえなくなる。

◆ 最終四半期で年平均を超え「ゲタ」の状態に
—日本のGDPの推移—

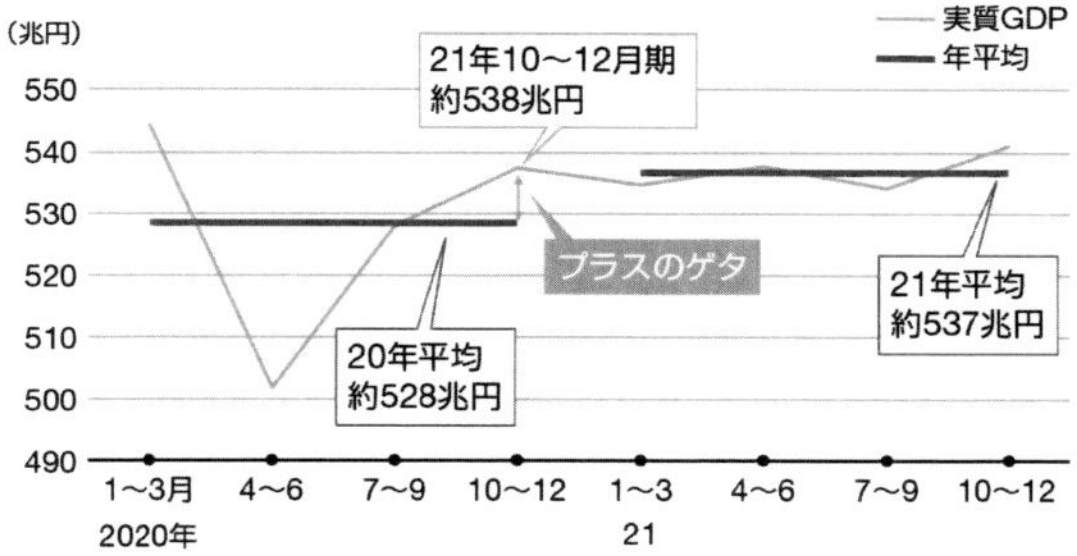

(出所) 内閣府のデータを基に大和証券作成

ビジネスに使えるデータ

政府が公表する経済統計など伝統的な指標に加えて、「オルタナティブ」（非伝統的）データの利用が進む。とくに、GPS（全地球測位システム）などを用いた移動データ（人流データ）は、コロナ禍で行動制限がかかる中、注目を集めた。これらのデータを用いてトレンドを先取りすることができれば、多くのチャンスをつかめる。

ただ、移動データを用いる際には注意点もある。コロナ禍が日本経済の最大のテーマだった20～21年は強い行動抑制が人々に課され、「人流の増減≒消費額の増減」となっていたが、足元では人々がコロナ禍に慣れていることもあり、移動と消費額の連動性は薄れている。移動1単位当たりの消費額（＝消費単価）の変化にも留意が必要だ。移動データは今後も重宝されると思うが、経済が正常化に向かう中、消費単価の重要性も増していくと思われる。

また伝統的な統計データでも、組み合わせれば非伝統的なデータになる。筆者は総務省の家計調査という個人消費データから、食パンの「消費額（円）」と「消費量（グラム）」を用いて「消費単価（円／グラム）」を算出、「高級食パン」の消費トレンドを推計し、「高級食パン景気指数」と名付けている。

◆ **消費と移動の連動性が年末に乖離**
―2021年の外食消費額と移動データの推移―

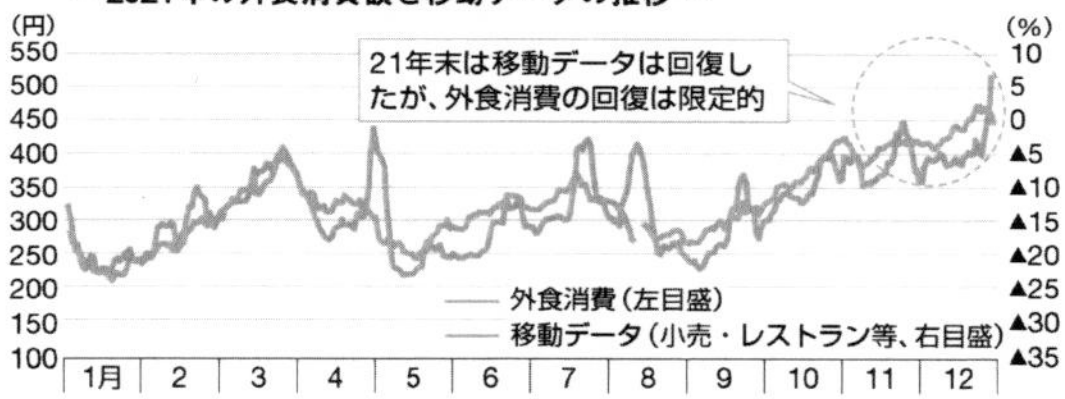

(注) 移動データは「小売・レストラン等」のベースラインからの乖離。祝日を除く。▲はマイナス　(出所) 総務省「家計調査」、Googleのデータを基に大和証券作成

◆ **オルタナティブデータから見える「高級食パンブーム」**
―食パン1グラム当たりの消費額の推移―

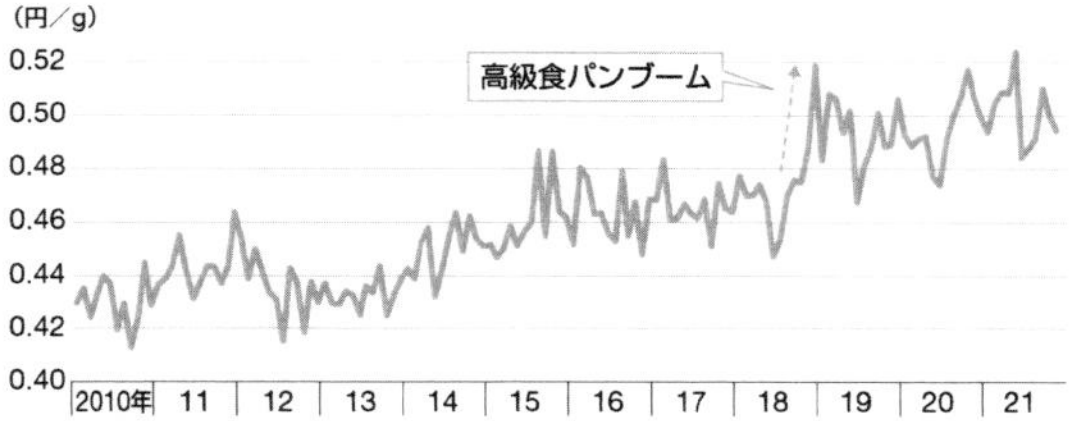

(出所) 総務省「家計調査」を基に大和証券作成

さまざまな商品の消費単価の変化は「高価格志向」や「低価格志向」といった消費者のトレンドを読むのには最適だ。今後、食品や日用品の値上げが相次ぐ見込みだが、経済統計ベースではそれほど消費単価が上がらないのではとみている。いろいろな商品が値上げされる中、消費者がプライベートブランドなど比較的安い商品を選ぶ可能性がある。このように、アイデア次第で新しい経済統計を作ることも可能だ。

末廣　徹（すえひろ・とおる）
2009年東京大学大学院理学系研究科修了、みずほ証券入社。20年大和証券に移籍。エクイティ調査部所属。マクロ経済指標の計量分析や市場分析、将来予測の定量分析に定評。

「外貨が紙切れになるリスクを考えるべきだ」

新潟県立大学　国際経済学部教授・中島厚志

ウクライナ情勢が深刻さを増す中、世界経済にもたらす影響はどれほどか。また、東西分断が進む中、日本はどう対処すべきなのか。経済産業研究所の前理事長で、国際派エコノミストとして知られる新潟県立大学教授の中島厚志氏に聞いた。

――ウクライナ情勢に伴う欧州のエネルギー問題をどうみますか。

NY原油先物取引（WTI）が1バレル＝120ドルの場合、消費者物価指数（CPI）には1％以上のプラスインパクトがある。140ドルなら3％近いインパクトがあってもおかしくはない。

欧州がエネルギー不足に陥るというのははっきりしたメッセージだ。ドイツのショルツ首相は「ロシアからのエネルギー輸入をやめることはできない」と発言しているが、これはそれだけ依存が大きいからだ。ロシア産の天然ガスをドイツに運ぶパイプライン「ノルドストリーム2」の承認作業を停止したことは、ロシアから来るものを遮るという意味では「よくやった」となるかもしれない。だが、生命線の1つなので輸入を絶つのは難しい。代替策として石炭火力発電を再開するのは当然として、22年末で廃止する予定の原発3基の稼働延長や、21年末でやめた3基の再稼働も否定はしていない。

いちばん厳しいのは、実はスペイン。スペインのロシアへのエネルギー依存は、ドイツほどではない。ただ、モロッコとアルジェリアの関係が悪化して、モロッコを通るパイプラインにアルジェリアからの天然ガスが流れなくなっている。今回の事態でロシアからのエネルギー供給が絞られたら、完全にお手上げだ。

カタールや米国はLNG（液化天然ガス）の供給を増やしているが、欧州には基地やパイプラインが少ないため液体の受け入れには当面限界がある。

エネルギー供給が不足気味の中、在庫が減り続けているが、問題は来年の冬。在庫不足のまま需要が膨らむ冬を迎えるともたない。備蓄原油の放出である程度対応できても、ロシアからエネルギー供給を止められると構造的な大停電が起きることになる。すでに欧州で天然ガス価格は史上最高値を更新しており、オイルショックよりもひどくなる可能性は十分にある。

――エネルギーだけでなく、穀物の供給にも影響が出そうです。

小麦と大麦とライ麦、これらはロシアとウクライナが一大生産国なので、供給が滞るとほかの生産地では賄えない。ウクライナはヒマワリ油の世界最大の生産国なので食用油も欧州で不足する。

さらにウクライナはネオンガスの世界最大の生産国なので、半導体の生産にも影響が出る。

――影響は多方面にわたりますね。

今回の事態では国の関係悪化で貿易を止めただけでなく、ロシア中央銀行の外貨準備を凍結するという禁じ手を出し、国際通貨の機能を自ら断ち切ってしまった。これは地政学リスクとは別に、外貨が紙切れになるというリスクがあることを意味する。国際通貨制度やブレトンウッズ体制などをベースに発展してきた世界経済のグローバル化にとって大打撃だ。世界の分断も米中対立どころではない形で襲ってきており、東西の分断が一段と鮮明になっている。企業もＢＣＰ（事業継続計画）の観点からグローバル化を控える動きになるだろう。

その際、「内需拡大」だけでは多様なニーズや資源の確保に応えられない。せいぜいできるのは防御的に振る舞うこと。世界経済や一国の成長力は落ちる。

日本は投資を積極化せよ

――日本はどう対応すればよいのでしょうか。

日本は主要国の中でグローバル化が圧倒的に遅れている。世界有数のヒト・モノ・

カネがあるのに使えていないという意味では、経済の分断が進んでも一定の成長余地がある。

日本は中小企業の国際化が遅れているが、例えばTPP（環太平洋経済連携協定）の中で貿易をすれば関税がかからないなど有利な面がある。積極的に出られるよう、政策などで促すことだ。

また、欧米企業に比べ日本はモノ・ヒトに対する投資が不足している。だから賃金も上がらない。さらに、付加価値を生み出せないから輸入物価が高くなっているのに、輸出物価に転嫁できていない。輸出物価の伸びはずっと低いままだ。

投資を増やせば成果はすぐに出る。一例がIT投資だ。OECD（経済協力開発機構）諸国の中で、日本人は平均よりパソコンを使えるにもかかわらず、企業への導入率は平均より低い。パソコンやタブレットには、いろんなアプリを搭載できる拡張性がある。タブレットレジが普及しつつあるが、売り上げ集計だけでなく、在庫管理、顧客管理、マーケティングにも活用できる宝箱だ。

人材投資についても日本は米国企業の20分の1程度だ。まずこれを上げる。IC

T（情報通信技術）人材への投資もそう。日本は7～8割がIT企業にいるが、米国では約6割が一般企業にいるというデータがある。一般企業にICT人材がいるから、実効性のあるIT投資ができる。

最後はカネの使い方。収益力は欧米に比べ劣後しているにもかかわらず、内部留保が増え続けている。最終利益をもっと配当に回すことも求められている。どのように収益を上げて企業の拡大や評判につなげていくかを、自主的に決めて動かなければならない。無借金経営が悪いとは言わないが、他人資本を使って規模を大きくすることに日本企業は慎重すぎる。

――ビジネスパーソンはどんな視点で経済を見ていけばよいですか。

自分の専門分野や国内の情報に目を向けるのも大事だが、世界の情報を広く見てもらいたい。そうすれば世界の動きに対して後れを取らない。ヒト・モノ・カネをどう動かすかというのが経済活動の基本。それを行ううえでどこに支障が出ているのか、どうしたらもっと動かせるのかという視点で国内外の情報をより幅広くキャッチして整理する。これが第一歩だ。NHKのBS1で平日朝8時から放送の「キャッチ！世界のトップニュース」などは日本語で視聴できる。

われわれの活躍の場は世界に広がっている。「自分には関係がない」と、知見を広げることに制約を設けてしまうのがいちばんもったいない。

（聞き手・常盤有未）

中島厚志（なかじま・あつし）

1952年生まれ。75年東京大学法学部卒業後、日本興業銀行入行。パリ支店長、パリ興銀社長、みずほ総合研究所専務執行役員調査本部長、経済産業研究所理事長などを歴任。2020年4月から現職。

【週刊東洋経済】

本書は、東洋経済新報社『週刊東洋経済』2022年4月2日号より抜粋、加筆修正のうえ制作しています。この記事が完全収録された底本をはじめ、雑誌バックナンバーは小社ホームページからもお求めいただけます。

小社では、『週刊東洋経済eビジネス新書』シリーズをはじめ、このほかにも多数の電子書籍ラインナップをそろえております。ぜひストアにて「東洋経済」で検索してみてください。

『週刊東洋経済eビジネス新書』シリーズ

No.388　ソニー　掛け算の経営

No.389　2050年の中国〔前編〕

No.390　2050年の中国〔後編〕

No.391　相続の新常識

No.392　無敵の文章術

No.393　物流　頂上決戦
No.394　すごいベンチャー2021〔前編〕
No.395　すごいベンチャー2021〔後編〕
No.396　米国株　超入門
No.397　ビジネスと人権
No.398　無敵の話し方
No.399　EV　産業革命
No.400　実家のしまい方
No.401　みずほ　解けない呪縛
No.402　私大トップ校　次の戦略
No.403　ニッポン再生　7つの論点
No.404　マンション管理
No.405　学び直しの「近現代史」
No.406　電池　世界争奪戦

週刊東洋経済eビジネス新書　No.418
経済超入門　2022

【本誌（底本）】
編集局　宇都宮　徹、堀川美行、常盤有未
デザイン　dig（成宮　成、山﨑綾子、峰村沙那、坂本弓華）
進行管理　平野　藍、角谷佳名子
発行日　2022年4月2日

【電子版】
編集制作　塚田由紀夫、長谷川　隆
デザイン　市川和代
制作協力　丸井工文社
発行日　2023年2月24日　Ver.1

発行所　〒103-8345
東京都中央区日本橋本石町1-2-1
東洋経済新報社
電話　東洋経済カスタマーセンター
03（6386）1040
https://toyokeizai.net/
発行人　田北浩章

電子書籍化に際しては、仕様上の都合などにより適宜編集を加えています。登場人物に関する情報、価格、為替レートなどは、特に記載のない限り底本編集当時のものです。一部の漢字を簡易慣用字体やかなで表記している場合があります。本書は縦書きでレイアウトしています。ご覧になる機種により表示に差が生じることがあります。

※本刊行物は、電子書籍版に基づいてプリントオンデマンド版として作成されたものです。